제4판

SIGNATURE
헌법 판례

3 | 요약 키워드 NOTE

변호사 **강성민** 편저

- 2024년 3월 헌법재판소 결정례 선고분까지 반영
- 400개 이상의 헌법재판소 중요판례 전문·전문요약·결정요지
- 함께 보는 추가판례 약 50개 이상 수록
- 변호사시험 및 중요 국가시험 빈출지문 반영
- 법학전문대학원협의회 표준판례 반영

CONTENTS

제1편 기본권론

제1장 기본권 총론

제1절 기본권 일반 · 3

제2절 기본권의 성격 · 3

제3절 기본권과 제도보장 · 3

제4절 기본권의 주체 · 3
- 001. [2007헌마1083] 외국인 근로자의 사업장 변경 횟수 제한 사건 [기각] · 3
- 002. [2009헌가27] 방송사업자에게 사과방송을 명할 수 있도록 한 사건 [위헌] · 3
- 003. [2005헌마346] 잔여배아를 5년간 보존하고 이후 폐기하도록 한 생명윤리법 사건 [기각, 각하] · 3
- 004. [2007헌가23] 반민규명법 사건 [합헌] · 4
- 005. [2007헌마700] 대통령의 선거중립의무 준수요청 등 조치 취소 청구 사건 [기각] · 4

제5절 기본권의 효력 · 5
- 006. [2008다38288] 종립 사립고교 종교교육 사건 · 5

제6절 기본권의 경합과 충돌 · 5
- 007. [2003헌마457] 금연구역 지정 사건 [기각] · 5
- 008. [2002헌바95] 유니온 샵 협정 사건 [합헌] · 6

제7절 기본권의 제한 및 한계 · 6

| 법률유보원칙 |
- 009. [2015헌마654] 세월호피해지원법 사건 [위헌, 기각, 각하] · 6
- 010. [2004헌마290] MBC문화방송에 대한 '경고' 사건 [인용(취소), 각하] · 7
- 011. [2015헌마476] 최루액 혼합살수행위 위헌확인 사건 [인용(위헌확인), 각하] · 7

| 본질내용침해금지 |
- 012. [2008헌가23] 사형제 사건 [합헌, 각하] · 7

제8절 기본권의 보호의무 · 8
- 013. [2018헌마730] 공직선거 선거운동 시 확성장치 사용에 따른 소음 규제기준 부재 사건 [헌법불합치] · 8
- 014. [2012헌마38] 담배 제조 및 판매 사건 [기각, 각하, 기타] · 8
- 015. [2008헌마419] 미국산 쇠고기 수입위생조건 사건 [기각, 각하] · 8

| 특별권력관계 |
- 016. [2002헌마478] 금치 처분을 받은 수형자에 대한 운동 등 금지 사건 [위헌, 기각] · 9
- 017. [2014헌마45] 금치처분 받은 수용자에 대한 처우제한 사건 [위헌, 기각, 각하] · 9
- 018. [2012헌마623] 금치처분을 받은 미결수용자의 집필 및 서신수수 금지에 관한 사건 [기각, 각하] · 9

제2장 인간의 존엄과 가치·행복추구권

| 인간의 존엄과 가치 |
- 019. [2013헌마142] 구치소 내 과밀수용행위 위헌확인 사건 [인용(위헌확인)] · 10

| 인격권 |
  020. [2012헌마652] 피의자 조사과정 촬영허용행위 사건 [인용(위헌확인), 각하] ... 10
  021. [2001헌바43] 공정거래위원회의 법위반사실공표명령 사건 [위헌] ... 10
  022. [2004헌마1010] 태아성감별 고지금지 사건 [헌법불합치] ... 11
  023. [2022헌마356] 태아의 성별 고지 제한 사건 [위헌] ... 11
| 행복추구권 |
  024. [2006헌마618] 표준어 규정 사건 [기각, 각하] ... 11
| 일반적 행동자유권 |
  025. [2002헌마518] 자동차 운전자에게 좌석안전띠를 매도록 하고 이를 위반했을 때 범칙금납부통고를 하는 도로교통법 사건 [기각] ... 12
  026. [2008헌바83] 기부금품 모집에 허가를 받도록 한 기부금품모집규제법 사건 [합헌] ... 12
  027. [2009헌마406] 서울광장 차벽봉쇄 사건 [인용(위헌확인)] ... 12
  028. [2004헌가28] 자동차 등을 이용하여 범죄행위를 한 때 운전면허 필요적 취소 사건 [위헌] ... 13
  029. [2013헌가6] 자동차등을 이용한 범죄행위와 운전면허의 필요적 취소 사건 [위헌] ... 13
  030. [2019헌가9] 운전면허 부정 취득 시 모든 운전면허 필요적 취소 사건 [위헌] ... 13
  031. [2015헌마236] 청탁금지법(일명 김영란법) 사건 [기각, 각하] ... 13
| 계약의 자유 |
  032. [89헌마204] 특수건물에 대하여 특약부 화재보험계약을 강제하는 사건 [한정위헌] ... 14
| 자기결정권 |
  033. [96헌가18] 자도소주 구입명령제도 사건 [위헌] ... 14
  034. [2009헌바17] 간통죄 사건 [위헌] ... 15
  035. [2017헌바127] 낙태죄 사건 [헌법불합치] ... 15
| 자기책임의 원리 |
  036. [2009헌마170] 회계책임자가 300만원 이상의 벌금을 선고받은 경우 후보자의 당선을 무효로 하는 공직선거법 사건 [기각] ... 16
| 인격의 자유로운 발현권 |
  037. [98헌가16] 과외교습금지 사건 [위헌] ... 16
  038. [2017헌마691] 수능시험의 EBS 교재 연계출제에 관한 사건 [기각, 각하] ... 16

제3장 평등권
  039. [98헌마363] 제대군인 가산점 제도 사건 [위헌] ... 17
  040. [2006헌마328] 남자에 한하여 병역의무를 부과한 병역법 사건 [기각, 각하] ... 17
  041. [2008헌바56] 직계비속 고소금지 규정 사건 [합헌] ... 17
  042. [2004헌마670] 외국인산업기술연수생에 대한 근로기준법 제외 사건 [위헌, 각하] ... 17
  043. [2017헌마643] 공중보건의사의 군사교육 소집기간 보수 미지급 사건 [기각] ... 18
  044. [2018헌마221] 자사고를 후기학교로 규정하고, 자사고 지원자에게 평준화지역 후기학교 중복지원을 금지한 초·중등교육법 시행령 사건 [위헌, 기각] ... 18
  045. [2000헌마25] 국가유공자와 그 가족에 대한 가산점 규정 1차 사건 [기각] ... 18
  046. [2004헌마675] 국가유공자와 그 가족에 대한 가산점 규정 2차 사건 [헌법불합치] ... 18

047. [2013헌마553] 청년고용할당제 사건 [기각, 각하]   19
048. [2020헌가12] 국가를 상대로 한 당사자소송에서의 가집행선고 제한 사건 [위헌],   19

제4장 자유권적 기본권

제1절 인신에 관한 자유   20
049. [2015헌마1149] 직사살수 사건 [인용(위헌확인), 각하]   20
| 형벌불소급 원칙 |
050. [2015헌바239] 소위 '황제노역'과 관련하여 노역장유치기간의 하한을 정하면서 개정 전 범죄행위에 대하여도 소급적용하도록 한 형법 조항 사건 [위헌]   20
051. [96헌가2] 5·18민주화운동 등에 관한 특별법 사건 [합헌]   21
| 명확성의 원칙 |
052. [2007헌가4] 제한상영가 등급 사건 [헌법불합치]   21
| 형벌에 관한 책임주의 |
053. [2011헌가20] 법인 양벌규정 사건(종업원 부분) [위헌]   21
| 책임과 형벌의 비례원칙 |
054. [2002헌가5] 반국가적 범죄를 반복하여 저지른 자에 대해 사형을 선고할 수 있게 한 사건 [위헌]   22
055. [2019헌바446] 2회 이상 음주운전 시 가중처벌 사건 (이른바 '윤창호 사건') [위헌]   22
| 이중처벌금지 |
056. [2002헌가14] 청소년 성매수자에 대한 신상공개 사건 [합헌, 각하]   22
057. [2015헌바35] 위치추적 전자장치 부착명령 소급 청구 사건 [합헌]   22
| 연좌제금지 |
058. [2005헌마19] 배우자의 중대 선거범죄를 이유로 후보자의 당선을 무효로 하는 사건 [기각]   23
| 적법절차원칙 |
059. [2002헌가17] 피의자에 대한 지문채취 강제 사건 [합헌]   23
| 영장주의 |
060. [2007헌마1468] 한나라당 대통령후보 이명박의 주가조작 등 범죄혐의의 진상규명을 위한 특별검사의 임명법 사건 [위헌, 기각]   23
061. [93헌가2] 보석허가결정에 대한 검사의 즉시항고 사건 [위헌]   24
062. [2000헌가12] 행정상 즉시강제로서의 불법게임물 수거·폐기 사건 [합헌]   24
| 체포·구속적부심사제도 |
063. [2002헌바104] 구속적부심사를 청구한 피의자에 대한 검사의 전격기소 사건 [헌법불합치]   24
| 변호인의 조력을 받을 권리 |
064. [2009헌마341] 미결수용자 공휴일 접견 불허 사건 [기각]   25
065. [2000헌마138] 불구속 피의자의 피의자신문에 변호인의 참여요청을 거부한 사건 [인용(위헌확인)]   25
066. [2009헌마257] 법원의 열람·등사 허용 결정에 따른 변호인의 열람·등사 신청에 대한 검사의 거부 사건 [인용(위헌확인)]   25
067. [2015헌마243] 변호인접견실에 CCTV를 설치하여 관찰한 행위와 미결수용자와 변호인 간에 수수한 서류 확인 및 등재행위 위헌확인 사건 [기각]   26

068. [2014헌마346] 인천국제공항 송환대기실에 수용된 난민에 대한 변호인접견거부 위헌확인 사건 [인용(위헌확인)] 26
069. [2016헌마503] 피의자신문에 참여한 변호인에 대한 후방착석요구행위 등 위헌확인 사건 [인용(위헌확인), 각하] 26
070. [2015헌마1204] 변호인이 되려는 자의 피의자 접견신청을 불허한 사건 [인용(위헌확인),각하] 27

| 무죄추정의 원칙 |
071. [96헌가12] 형사사건으로 기소된 공무원에 대한 필요적 직위해제 사건 [위헌] 27
072. [2004헌바12] 형사사건으로 기소된 공무원에 대한 임의적 직위해제 사건 [합헌] 27

| 진술거부권 |
073. [96헌가11] 음주측정 사건 [합헌] 27
074. [2004헌바25] 정치자금의 수입·지출에 관한 회계장부 사건 [합헌] 28

| 인신보호제도 |
075. [2014헌가9] 정신질환자 보호입원 사건 [헌법불합치] 28
076. [2013헌가21] 인신보호법상 즉시항고 제기기간 사건 [위헌] 28

| 신체의 자유 |
077. [2013헌가9] 성충동 약물치료(속칭 화학적 거세)의 위헌 여부 [헌법불합치, 합헌] 28
078. [2017헌바157] 병에 대한 징계영창사건 [위헌] 29
079. [2002헌마193] 군사법경찰관의 구속기간의 연장을 허용하는 군사법원법 사건 [위헌] 29
080. [2013헌바129] 외국에서 형의 집행을 받은 자에 대한 임의적 감면조항 사건 [헌법불합치] 29
081. [99헌가7] 상소제기기간 등을 미결구금일수에 산입하지 않는 형소법 규정 사건 [헌법불합치] 29
082. [2020헌가1] 강제퇴거대상자에 대한 보호기간의 상한 없는 보호사건 [헌법불합치] 29

제2절 사생활영역의 자유 31
083. [2005헌마1139] 4급 이상 공무원들의 병역면제사유인 질병명 공개 사건 [헌법불합치, 각하] 31
084. [2012헌마331] 금융감독원의 4급 이상 직원에 대하여 공직자윤리법상 재산등록의무를 부과하고 퇴직일로부터 2년간 사기업체 취직을 제한하는 공직자윤리법 사건 [기각] 31
085. [2015헌마994] 어린이집 CCTV 설치 의무 조항 등 위헌확인 사건 [기각, 각하] 31
086. [2007헌마667] 변호사의 수임사건 건수 및 수임액 보고 사건 [기각] 32

| 개인정보자기결정권 |
087. [2010헌마153] 접견녹음파일 제공 사건 [기각] 32
088. [2015헌마688] 통신매체이용음란죄 신상정보 등록 사건 [위헌] 32
089. [2014헌마340] 카메라등이용촬영범죄자 신상정보 등록 사건 [헌법불합치, 기각] 33
090. [99헌마513] 주민등록법 상 지문날인제도 사건 [기각] 33
091. [2013헌바68] 주민등록번호 변경 사건 [헌법불합치] 33
092. [2010헌마293] 교원의 노동조합 가입정보 공개금지 사건 [기각, 각하] 33
093. [2011헌마28] 디엔에이감식시료의 채취 및 디엔에이신원확인정보 수집·이용 관련조항 사건 [기각, 각하] 34
094. [2013헌마517] 인터넷게임 관련 본인인증제 위헌확인 사건 [기각] 34
095. [2018헌마77] 변호사시험 합격자 명단 공고 사건 [기각] 34

096. [2014헌마368] 국민건강보험공단의 서울용산경찰서장에 대한 요양급여내역 제공행위 위헌확인 사건 [인용(위헌확인), 각하] ... 34
097. [2015헌마924] 형제자매의 증명서 교부청구 사건 [위헌] ... 35
098. [2018헌마927] 가족관계의 등록 등에 관한 법률 제14조 제1항 본문 부진정입법부작위 위헌확인 사건 [헌법불합치] ... 35
099. [2017헌바479] 보안관찰처분대상자에 대한 신고의무 부과 사건 [헌법불합치, 합헌] ... 35

Ⅰ 주거의 자유 Ⅰ
100. [2015헌바370] '체포영장 집행시 별도 영장 없이 타인의 주거 등을 수색할 수 있도록 한 형사소송법 조항 위헌소원 및 위헌제청 사건' [헌법불합치] ... 36
101. [2008헌마430] 불법체류 외국인 강제출국 사건 [기각] ... 36

Ⅰ 거주·이전의 자유 Ⅰ
102. [2007헌마1366] 여권의 사용제한 등에 관한 고시 위헌확인 [기각] ... 36
103. [2012헌바302] 형사재판 계속 중인 사람에 대한 출국금지 사건 [합헌] ... 37

Ⅰ 통신의 비밀과 자유 Ⅰ
104. [2009헌마333] 수용자 발송 서신 무봉함 제출 사건 [위헌, 각하] ... 37
105. [2012헌마191] 통신비밀보호법 '위치정보 추적자료' 사건 [헌법불합치, 기각, 각하] ... 37
106. [2012헌마538] 통신비밀보호법 '기지국수사' 사건 [헌법불합치, 기각, 각하] ... 38
107. [2016헌마263] 인터넷회선 감청 위헌확인 사건 [헌법불합치, 각하] ... 38
108. [2009헌바42] 통신비밀보호법상 불법취득된 타인간의 대화내용 공개 사건 [합헌] ... 38

제3절 정신생활영역의 자유 ... 39

Ⅰ 양심의 자유 Ⅰ
109. [98헌마425] 준법서약제도 사건 [기각] ... 39
110. [89헌마160] 명예회복에 적당한 처분에 사죄광고를 포함시킨 사건 [한정위헌] ... 39
111. [2002헌가1] 양심적 병역거부 사건(2004년) [합헌] ... 39
112. [2011헌바379] 양심적 병역거부 사건 [헌법불합치, 합헌] ... 39
113. [2006헌마1401] 연말정산 간소화를 위한 의료비 내역 정보 제출 의무 사건 [기각] ... 40

Ⅰ 종교의 자유 Ⅰ
114. [2009헌마527] 미결수용자의 종교행사 등에의 참석 금지 사건 [인용(위헌확인)] ... 40
115. [2019헌마941] 육군훈련소 내 종교행사 참석 강제 사건 [인용(위헌확인)] ... 40
116. [2000헌마159] 사법시험 제1차시험의 시행일자를 일요일로 정하여 공고한 사건 [기각] ... 41
117. [2006다87903] 군종장교의 종교적 표현의 자유 및 종교적 비판 ... 41

Ⅰ 언론·출판의 자유 Ⅰ
118. [2003헌가3] 의료광고 금지규정 사건 [위헌] ... 41
119. [2001헌마894] 청소년유해매체물의 표시방법 사건 [기각, 각하] ... 41
120. [2006헌바109] 정보통신망을 통한 음란표현 형사처벌 사건 [합헌, 각하] ... 41
121. [2010헌마47] 인터넷게시판 본인확인제의 위헌 여부 사건 [위헌] ... 42
122. [2018헌마456] 선거운동기간 중 인터넷게시판 실명확인 사건 [위헌] ... 42
123. [2015헌마1206] 인터넷신문의 고용 요건을 규정한 신문법 시행령 등 위헌확인 사건 [위헌, 기각, 각하] ... 42

124. [2017헌마1356] 서울특별시 학생인권조례 사건 [기각, 각하] ... 42
125. [99헌마480] 공공의 안녕질서 또는 미풍양속을 해하는 내용의 통신금지 사건 [위헌, 각하] ... 43
126. [2008헌바157] 공익을 해할 목적의 허위의 통신 금지(미네르바) 사건 [위헌] ... 43
127. [2009헌마747] '쥐코' 동영상 대통령 명예훼손 사건 [인용(취소)] ... 43
128. [2017헌마1113] 사실 적시 명예훼손죄에 관한 위헌확인 등 사건 [기각] ... 43

| 검열금지 |
129. [2014헌마360] 선거여론조사 실시 신고제도 위헌확인 사건 [기각] ... 44
130. [2016헌가8] 건강기능식품법상 기능성광고에 대한 사전심의 조항 위헌소원 및 위헌제청 사건 [위헌] ... 44
131. [2000헌가9] 영상물등급위원회의 등급분류보류제도 사건 [위헌] ... 44
132. [2000헌바36] 방영금지가처분 사건 [합헌] ... 45

| 알 권리 |
133. [2008헌마638] 국방부 불온서적 지정 사건 [기각, 각하] ... 45
134. [2011헌마769] 변호사시험 성적 비공개 사건 [위헌] ... 45

| 집회의 자유 |
135. [2014헌마843] 채증활동규칙 및 경찰의 집회 참가자에 대한 촬영행위 위헌확인 사건 [기각, 각하] ... 46
136. [2008헌가25] 야간 옥외집회 금지 사건 [헌법불합치] ... 46
137. [2010헌가2] 야간 시위 금지 사건 [한정위헌] ... 46
138. [2013헌바322] 국회의사당 인근 옥외집회 금지 사건 [헌법불합치] ... 46
139. [2015헌가28] 국무총리 공관 인근 옥외집회 금지 사건 [헌법불합치] ... 47
140. [2018헌바137] 각급 법원 인근 옥외집회 금지 사건 [헌법불합치] ... 47
141. [2010헌마111] 외교기관 인근 원칙적 집회 금지 사건 [합헌] ... 47
142. [2019헌마1417] 집회·시위를 위한 인천애뜰 잔디마당의 사용을 제한하는 인천광역시 조례 조항에 관한 헌법소원 사건[위헌] ... 47
143. [2007헌마712] 옥외집회신고서 반려행위 사건 [인용(위헌확인)] ... 47
144. [2011헌바174] 옥외집회·시위 사전신고의무 사건 [합헌] ... 48

| 결사의 자유 |
145. [2015헌바62] 전화·컴퓨터통신을 이용한 농협 이사 선거운동 사건 [위헌] ... 48
146. [2000헌가5] 상호신용금고의 임원과 과점주주에 대한 연대변제책임 사건 [한정위헌] ... 48

| 학문의 자유 |
147. [2011헌마612] 서울대학교 법인화 위헌확인 사건 [기각, 각하] ... 49
148. [2005헌마1047] 국립대학교 총장 간선제 사건 [기각] ... 49
149. [2014헌마1149] 교육부장관이 강원대학교 법학전문대학원의 2015학년도 및 2016학년도 신입생 각 1명의 모집을 정지한 행위의 위헌 여부 [인용(위헌확인), 인용(취소)] ... 50

제4절 경제생활영역의 자유 ... 50
| 재산권 |
150. [2011헌마315] PC방 전체를 금연구역으로 지정한 국민건강증진법 사건 [기각, 각하] ... 50
151. [97헌바10] 한약사가 아닌 약사의 한약조제 금지 사건 [합헌] ... 50
152. [2015헌바182] 국민연금법 분할연금 사건 [헌법불합치] ... 50

153. [94헌바19] 근로자의 퇴직금 전액에 대하여 우선변제수령권을 인정하는 사건 [헌법불합치]   51
154. [2019헌바161] 지방의회의원에 대한 퇴직연금의 지급을 정지하는 공무원연금법 조항에 관한 위헌소원 사건 [헌법불합치]   51
155. [89헌마214] 개발제한구역지정 사건 [헌법불합치]   51
156. [94헌바37] 택지소유상한에 관한 법률 사건   52
157. [2011헌바129] 지역균형개발법 민간개발자 고급골프장 수용 사건 [헌법불합치]   52
158. [2008헌바166] 골프장 수용 사건 [헌법불합치, 합헌]   52

| 특별부담금 |

159. [2006헌바70] KBS TV수신료 사건 [합헌, 각하]   53
160. [2002헌가2] 문예진흥기금 사건 [위헌]   54
161. [2017헌가21] 국민체육진흥법상 '회원제로 운영하는 골프장 시설의 입장료에 대한 부가금' 조항에 관한 위헌제청 사건 [위헌]   54
162. [2002헌바42] 먹는샘물 수입판매업자에 대한 수질개선부담금 사건 [합헌]   54

| 직업의 자유 |

163. [2013헌가2] 성매매처벌법 사건 [합헌]   55
164. [2006헌마352] 한국방송광고공사와 이로부터 출자를 받은 회사가 아니면 지상파방송사업자에 대해 방송광고 판매대행을 할 수 없도록 한 사건 [헌법불합치]   55
165. [2003헌가1] 학교정화구역 내 극장시설금지 사건 [위헌, 헌법불합치]   56
166. [94헌마196] 학교환경위생정화구역 내 당구장시설 금지 사건 [위헌]   56
167. [2008헌가2] 학교정화구역 내 납골시설금지 사건 [합헌]   56
168. [96헌마246] 치과전문의자격시험제도 미실시 사건 [인용(위헌확인), 각하]   57
169. [2013헌마799] 전문과목을 표시한 치과의원의 진료범위 제한 규정 위헌확인 사건 [위헌]   57
170. [2000헌바84] 법인의 약국 개설금지 사건 [헌법불합치]   57
171. [2015헌가19] 세무사 자격 보유 변호사의 세무대리 금지사건 [헌법불합치]   57
172. [2013헌마585] 성범죄 의료인 취업제한 사건 [위헌, 기각]   58
173. [2016헌바77] 대형마트 영업 제한 사건 [합헌]   58
174. [2011헌마659] 심야시간대 청소년의 인터넷게임 이용금지 강제적 셧다운제 사건 [기각, 각하]   58
175. [92헌마264] 부천시·강남구 담배자동판매기 설치금지조례 사건 [기각]   59
176. [2001헌마132] 백화점 셔틀버스 운행 금지 사건 [기각]   59
177. [2002헌마677] 제1종 운전면허 취득요건으로 시력 0.5 이상을 요구하는 사건 [기각]   59
178. [99헌바76] 요양기관 강제지정제 사건 [합헌]   60
179. [2009헌마514] 이화여대 로스쿨 사건 [기각, 각하]   60
180. [2001헌마614] 경비업과 그 밖의 업종의 겸영금지를 규정한 경비업법 사건 [위헌]   60
181. [2010헌바54] 소비자불매운동에 적용된 업무방해죄 등 위헌소원 사건 [합헌, 각하]   61

제5장 정치적 기본권

제1절 총 설   62

제2절 참정권   62

    182. [2001헌마788] 선고유예를 받은 공무원의 당연퇴직 사건 [위헌]   62

    183. [2007헌마1105] 5급 공채 공무원시험 응시연령 상한을 32세로 정한 공무원임용시험령 사건 [헌법불합치, 각하]   62

    184. [2014헌마274] 총장후보자 지원자에게 기탁금을 납부하도록 한 총장후보자 선정규정에 관한 사건 [위헌, 각하]   62

    185. [2019헌마825] 총장임용후보자선거에서 후보자가 기탁금을 납부하도록 하고 납부된 기탁금의 일부만을 반환하도록 한 대학 규정에 관한 사건 [위헌, 기각]   63

    186. [99헌마112] 교육공무원의 정년을 62세로 단축한 교육공무원법 사건 [기각]   63

제6장 청구권적 기본권

제1절 청구권적 기본권 일반이론   64

제2절 청원권   64

    187. [97헌마54] 지방의회에 청원을 할 때 지방의회 의원의 소개를 얻도록 한 사건 [기각]   64

    188. [2003헌바108] 로비제도 금지 사건 [합헌]   64

제3절 재판청구권   64

    189. [2007헌바8] 사법보좌관에 의한 소송비용액 확정결정절차 사건 [합헌]   64

    190. [2011헌마122] 수용자가 변호사와 접견할 때도 접촉차단시설이 설치된 장소에서 하도록 한 사건 [헌법불합치, 각하]   65

    191. [2012헌마858] 수형자와 소송대리인인 변호사간의 접견 시간 및 횟수에 관한 사건 [헌법불합치]   65

    192. [2013헌마712] 수형자의 사복착용에 관한 사건 [헌법불합치, 기각]   65

    193. [2016헌마344] 디엔에이감식시료채취 영장 발부 절차 사건 [헌법불합치, 기각, 각하]   65

    194. [2014헌바180] 과거사 민주화보상법 '재판상 화해 간주' 사건 [위헌, 각하]   66

    195. [2005헌가7] 소청심사위원회 재심결정에 대한 학교법인의 불복금지 규정 사건 [위헌]   66

    196. [2000헌바30] 지방세 부과처분에 대한 필수적 전치주의 규정 사건 [위헌, 각하]   66

    197. [2001헌가18] 대한변호사협회 징계를 받은 변호사의 즉시항고 규정 사건 [위헌]   67

    198. [92헌가11] 특허청의 항고심판결정에 대하여 곧바로 대법원 상고를 규정한 특허법 사건 [헌법불합치]   67

    199. [97헌바37] 심리불속행제도 사건 [합헌]   67

    200. [2001헌바95] 범죄인인도심사를 서울고등법원의 전속관할로 한 사건 [합헌]   67

    201. [2018헌바524] 영상물에 수록된 19세 미만 성폭력범죄 피해자 진술에 관한 증거능력 특례조항 사건 [위헌]   68

    202. [2008헌바162] 현역병의 군대 입대 전 범죄에 대한 군사법원의 재판권 규정 사건 [합헌, 각하]   68

| 형사피해자의 재판절차진술권 |

    203. [2005헌마764] 업무상과실 또는 중대한 과실로 인한 교통사고로 말미암아 피해자로 하여금 상해에 이르게 한 경우 공소를 제기할 수 없도록 한 교통사고처리특례법 사건 [위헌]   68

제4절 국가배상청구권 · · · 69
    204. [2014헌바148] 과거사 국가배상청구 '소멸시효' 사건 · · · 69
    205. [94헌바20] 헌법 규정에 대한 헌법소원심판청구 사건 [합헌, 각하] · · · 69
    206. [93헌바21] 국가배상법상 이중배상금지규정 사건 [한정위헌] · · · 69
    207. [2014다230535] 한센병 환자의 국가배상청구 사건 · · · 69

제5절 형사보상청구권 · · · 70
    208. [2008헌마514] 형사보상금 액수제한 및 형사보상결정에 대한 불복금지 사건 [위헌, 기각] · · · 70

제6절 범죄피해자구조청구권 · · · 70

제7장 사회적 기본권

제1절 사회적 기본권의 일반론 · · · 71

제2절 인간다운 생활을 할 권리 · · · 71
    209. [2002헌마328] 2002년도 국민기초생활보장 최저생계비 고시 사건 [기각] · · · 71
    210. [2002헌바1] 국민의료보험법상 보험급여 제한사유 사건 [한정위헌] · · · 71
    211. [2002헌바51] 산업재해보상보험법 적용제외사업 사건 [합헌, 각하] · · · 72
    212. [2014헌바254] 출퇴근 재해 사건 [헌법불합치, 각하] · · · 72
    213. [99헌마516] 고엽제후유증환자로 등록신청을 하지 않고 사망한 경우 유족등록신청자격부인 사건 [헌법불합치, 각하] · · · 72

제3절 교육을 받을 권리 · · · 72
    214. [2016헌마649] 교육대학교 등 수시모집 입시요강 위헌확인 사건 [인용(위헌확인)] · · · 72
    215. [2010헌마139] 검정고시 합격자의 재응시 제한 사건 [인용(위헌확인), 각하] · · · 73
    216. [2011헌마827] 고교평준화 사건 [기각] · · · 73
    217. [2012헌마832] 학교폭력 가해학생에 대한 재심 제한 사건 [기각, 각하] · · · 73
    218. [2010헌바164] 의무교육인 중학교 학생을 대상으로 학교급식비를 징수하도록 한 학교급식법 사건 [합헌] · · · 73
    219. [2010헌바220] 중학교 학생으로부터의 학교운영지원비 징수 사건 [위헌, 각하] · · · 74
    220. [2003헌가20] 공동주택 수분양자들에게 학교용지부담금을 부과하도록 규정한 사건 [위헌] · · · 74
    221. [2007헌가1] 개발사업자에게 학교용지부담금을 부과하도록 규정한 사건 [합헌] · · · 74
    222. [89헌마88] 국정교과서제도 사건 [기각] · · · 74
    223. [2000헌바26] 임용기간이 만료한 대학교원에 관한 사건 [헌법불합치] · · · 74

제4절 근로의 권리 · · · 75
    224. [2014헌바3] 해고예고수당 청구 사건 [위헌] · · · 75
    225. [2014헌마367] 외국인근로자 출국만기보험금 지급시기 제한 사건 [기각] · · · 75

제5절 근로3권 · · · 75
    226. [2010헌마606] 노조전임자 및 근로시간 면제 제도(타임오프제) 사건 [기각, 각하] · · · 75
    227. [2012헌바90] 노동조합 운영비 원조 부당노동행위 금지조항 사건 [헌법불합치, 각하] · · · 75
    228. [2007헌마1359] 특수경비원의 쟁의행위 금지 사건 [기각, 각하] · · · 75
    229. [2015헌마653] 청원경찰 근로3권 전면 제한 사건 [헌법불합치, 각하] · · · 76

230. [2011헌바53] 노동조합설립신고제 사건 [합헌] ... 76
231. [2015헌가38] 전국교수노동조합 사건 [헌법불합치] ... 76
232. [2013헌마671] 전국교직원노동조합 사건 [기각, 각하] ... 76
233. [2016두32992] 법외노조통보처분 취소 전원합의체 판결 ... 77
234. [2005헌마971] 공무원의 노동조합 설립 및 운영 등에 관한 법률 사건 [기각] ... 77

제6절 환경권 ... 77

제7절 혼인과 가족생활의 보장 ... 78

235. [2001헌가9] 호주제 사건 [헌법불합치] ... 78
236. [2003헌가5] 자녀에게 부의 성과 본을 따르도록 한 민법 규정 사건 [헌법불합치] ... 78
237. [2013헌마623] 민법 제844조 제2항 중 "혼인관계종료의 날로부터 300일 내에 출생한 자"의 위헌 여부 [헌법불합치] ... 78
238. [95헌가14] 친생부인의 소의 제척기간을 출생을 안날로부터 1년내로 규정한 사건 [헌법불합치] ... 78
239. [2018헌바115] 8촌 이내 혈족 사이의 혼인 금지 및 무효 사건 [헌법불합치, 합헌] ... 78
240. [2001헌바82] 부부의 자산소득을 합산하여 과세하도록 규정한 소득세법 사건 [위헌] ... 79
241. [2009헌바146] 1세대 3주택 이상 보유자 양도소득세 중과세 위헌소원 사건 [헌법불합치] ... 79
242. [2006헌바112] 종합부동산세법 사건 [헌법불합치, 합헌] ... 79
243. [2005헌마1156] 남성단기복무장교를 육아휴직 허용대상에서 제외하고 있는 군인사법 사건 [기각] ... 80
244. [2021헌마975] '혼인 중 여자와 남편 아닌 남자 사이에서 출생한 자녀'에 대한 출생신고 사건 [헌법불합치, 기각] ... 80

제8절 모성의 보호 ... 80

제9절 보건권 ... 81

245. [2011헌마123] 수용자에 대한 국민기초생활 보장법상 급여 정지 사건 [기각] ... 81

제2편 헌법총론

제1장 헌법과 헌법학

| 관습헌법 |
001. [2004헌마554] 행정수도 이전 사건 [위헌] ... 85
002. [2005헌마579] 신행정수도 후속대책을 위한 연기·공주지역 행정중심복합도시 건설을 위한 특별법 위헌확인 [각하] ... 86

| 합헌적 법률해석 |
003. [89헌가113] 국가보안법상 찬양·고무·동조 등 죄에 관한 사건 [한정합헌] ... 86

| 저항권 |
004. [97헌가4] 입법과정의 하자가 저항권행사의 대상이 되는지 여부 사건 [각하] ... 86

제2장 대한민국 헌법총설

제1절 대한민국 헌정사 · 87
제2절 대한민국 국가형태 · 87
제3절 헌법의 적용범위 · 87

| 국 적 |

005. [97헌가12] 부계혈통주의 규정 및 부모양계혈통주의를 10년간만 소급하는 부칙규정 사건 [헌법불합치, 각하] · 87
006. [2016헌마889] 병역준비역에 편입된 복수국적자 국적이탈 제한 사건 [헌법불합치, 기각] · 87
007. [99헌마494] 재외동포법 적용대상에서 정부수립이전 이주동포를 제외한 사건 [헌법불합치] · 87

| 영 토 |

008. [99헌마139] 대한민국과 일본국 간의 어업에 관한 협정 사건 [각하, 기각] · 88
009. [98헌바63] 북한 주민과의 접촉시 통일부장관의 승인을 얻도록 한 사건 [합헌] · 88

제4절 한국헌법의 기본원리 · 89

| 법치국가 원리 |

010. [2008헌바141] 친일반민족행위 결정 사건 [합헌] · 89
011. [2005헌바33] 재직중 사유로 금고이상 형을 받은 공무원의 퇴직급여 감액 사건 [헌법불합치] · 89
012. [2010헌바354] 공무원연금법 제64조 제1항 제1호 등 위헌소원 사건 [위헌, 합헌] · 90
013. [2000헌마152] 국세관련 경력공무원에 대한 세무사자격 부여제도 폐지 사건 [헌법불합치, 기각] · 90
014. [2005헌바20] 산업재해보상보험법상 최고보상제도 사건 [위헌] · 91
015. [2011헌마786] 법원조직법 부칙 사건 [한정위헌] · 91

| 사회국가 원리 |

016. [2002헌마52] 저상버스 도입의무 불이행 사건 [각하] · 91

| 국제평화주의 |

017. [2016헌마253] 일본군 위안부 문제 합의 발표 사건 [각하, 기타] · 92
018. [97헌바65] 마라케쉬 협정 사건 [합헌] · 92

제5절 정당제도 · 93

019. [99헌마135] 경찰청장 퇴직 후 2년내 정당가입 금지 사건 [위헌, 각하] · 93
020. [2004헌마246] 정당등록요건으로 "5 이상의 시·도당과 각 시·도당 1,000명 이상의 당원"을 요구하는 정당법 사건 [기각] · 93
021. [2012헌마431] 정당등록취소 및 등록취소된 정당의 명칭사용금지 사건 [위헌] · 93
022. [2013헌다1] 통합진보당 해산 청구 사건 [인용(해산)] · 94
023. [2016두39825] 위헌정당 해산결정으로 해산결정을 받은 정당 소속 비례대표지방의회의원이 공직선거법 제192조 제4항에 따라 의원직을 상실하는지가 문제된 사건 · 94
024. [2013헌바168] 정당에 대한 후원을 금지한 정치자금법 규정의 위헌 여부 [헌법불합치] · 95
025. [2008헌바89] 단체와 관련된 자금의 정치자금 기부금지 사건 [합헌] · 95
026. [2018헌마301] 정치자금법상 후원회지정권자 사건 [헌법불합치] · 95
027. [2019헌마528] 지방의회의원의 후원회지정 금지 사건 [헌법불합치] · 95

제6절 선거제도

- 028. [2012헌마409] 집행유예자 수형자 선거권제한 사건 [위헌, 헌법불합치] ... 96
- 029. [2016헌마292] 수형자 선거권 제한 사건 [기각] ... 96
- 030. [2004헌마644] 주민등록을 요건으로 재외국민의 선거권 등 제한 규정 사건 [헌법불합치] ... 96
- 031. [2009헌마256] 재외선거인 선거권 및 국민투표권 제한 사건 [헌법불합치, 기각, 각하] ... 97
- 032. [2000헌마91] 국회의원선거시 ① 2천만원 기탁금 ② 20% 반환기준 ③ 1인1표제 ④ 저지조항 사건 [한정위헌] ... 97
- 033. [2015헌마509] 비례대표 기탁금 1500만원 사건 [헌법불합치, 기각] ... 98
- 034. [2016헌마541] 예비후보자 기탁금 반환조항 위헌확인 사건 [헌법불합치] ... 98
- 035. [2012헌마174] 선거권 연령 제한 사건 [기각] ... 98
- 036. [2012헌마190] 국회의원선거 선거구를 획정함에 있어 허용되는 인구편차 기준에 관한 사건 [헌법불합치] ... 98
- 037. [2014헌마189] 시·도의원선거 선거구를 획정함에 있어 허용되는 인구편차 기준에 관한 사건 [기각] ... 99
- 038. [2014헌마166] 자치구·시·군 의회의원 선거구 획정에서 인구편차 허용기준 사건 [기각] ... 99
- 039. [2016헌마287] 후보자의 명함교부 주체 관련조항 사건 [위헌, 기각] ... 99
- 040. [2007헌마1412] 대통령선거경선후보자가 경선과정에서 탈퇴시 후원금 전액을 국고에 귀속하도록 한 정치자금법 사건 [위헌] ... 99
- 041. [2013헌가1] 언론인의 선거운동 금지 사건 [위헌] ... 99
- 042. [2015헌바124] 한국철도공사 상근직원 선거운동 금지 사건 [위헌] ... 100
- 043. [2007헌마1001] 탈법행위에 의한 문서·도화의 배부·게시 등 금지조항에 인터넷이 포함되는 것으로 해석하는 것의 위헌 여부 사건 [한정위헌] ... 100
- 044. [2017헌바100] 현수막, 그 밖의 광고물 설치·게시, 그 밖의 표시물 착용, 벽보 게시, 인쇄물 배부·게시, 확성장치사용을 금지하는 공직선거법 조항 사건 [헌법불합치,합헌] ... 100
- 045. [2001헌가4] 기초의회의원선거 후보자의 정당표방 금지 사건 [위헌, 각하] ... 101
- 046. [2010헌마601] 공직선거법상 부재자투표시간 제한 사건 [헌법불합치, 기각, 각하] ... 101
- 047. [2005헌마772] 해상에 장기 기거하는 선원들을 부재자투표 대상자로 규정하지 않은 사건 [헌법불합치] ... 101

제7절 공무원제도

- 048. [2018헌마222] 교원의 공직선거 및 교육감선거 입후보 시 사직의무 및 선거운동금지 사건 [기각, 각하] ... 102
- 049. [2018헌마551] 교원의 정당 및 정치단체 결성·가입 사건 [위헌, 기각, 각하] ... 102
- 050. [2006헌마1096] 공무원이 선거운동의 기획에 참여하거나 그 기획의 실시에 관여하는 행위 금지 사건 [헌법불합치] ... 102

제8절 지방자치제도

- 051. [2005헌마1190] 제주특별자치도의 설치 및 국제자유도시조성을 위한 특별법안 사건 [기각] ... 103
- 052. [2010헌마418] 금고이상의 형을 선고받고 형이 확정되지 않은 지방자치단체장의 권한대행 사건 [헌법불합치] ... 103
- 053. [2010헌마474] 공소제기후 구금된 지방자치단체장에 대한 직무정지 사건 [기각] ... 103
- 054. [2005헌마403] 지방자치단체 장의 계속 재임 3기 제한 사건 [기각] ... 104

055. [2014헌마797] 지방자치단체의 장 선거에서 후보자가 1인일 경우 무투표 당선을 규정한 공직선거법 조항 위헌확인 사건 [기각] ... 104
056. [98헌마214] 지방자치단체장의 임기중 다른 선거 입후보 금지 사건 [위헌, 기각] ... 104
057. [2006헌라6] 행정안전부장관이 서울특별시 자치사무에 대하여 실시한 합동감사(서울시와 정부간 권한쟁의) 사건 [인용(권한침해)] ... 105
058. [2020헌라5] 경기도가 남양주시에 대하여 실시한 감사가 남양주시의 지방자치권을 침해하였는지 여부에 관한 사건[인용(권한침해), 기각] ... 105
059. [2004헌마643] 주민등록을 할 수 없는 국내거주 재외국민에 대한 주민투표권 제외 사건 [헌법불합치, 각하] ... 105
060. [2007헌마843] 주민소환제도 사건 [기각] ... 106
061. [2010헌바368] 주민소환투표청구를 위한 서명요청 활동 제한 규정 사건 [합헌] ... 106
062. [2012헌라1] 서울특별시 학생 인권 조례 재의요구 철회 사건 [기각] ... 107

제3편 통치구조

제1장 통치구조의 구성원리

제1절 대의제의 원리 ... 111
001. [96헌마186] 국회구성권 침해 위헌확인 사건 [각하] ... 111
002. [2002헌라1] 국회의장의 김홍신 의원에 대한 사·보임행위 사건 [기각] ... 111
003. [2019헌라1] 사개특위 위원 개선 사건 [기각] ... 112
004. [2009헌마350] 비례대표국회의원후보자명부에 의한 승계원칙의 예외를 규정한 공직선거법 사건 [위헌] ... 112
005. [2008헌마413] 임기만료일 전 180일 이내에 비례대표국회의원에 궐원이 생긴 때를 비례대표국회의원 의석승계 제한사유로 규정한 공직선거법 사건 [헌법불합치] ... 112

제2절 권력분립의 원리 ... 113
006. [90헌마28] 지방의회의원과 농협 등 조합장의 겸직금지 사건 [위헌, 기각] ... 113
007. [2009헌바123] 구 조세감면규제법 부칙 제23조 위헌소원 사건 [한정위헌] ... 113
008. [95헌가5] 궐석재판, 전재산 몰수형 등을 규정한 반국가행위자의처벌에관한특별조치법 사건 [위헌] ... 113
009. [2003헌마841] 연합뉴스를 국가기간뉴스통신사로 지정한 사건 [기각] ... 114

제2장 국 회
010. [2015헌라1] 국회선진화법 사건 [각하] ... 115
011. [2008헌라7] 한미FTA 비준동의안에 관한 권한쟁의 사건 [인용(권한침해), 기각, 각하] ... 115
012. [2018헌마1162] 정보위원회 회의를 비공개하도록 규정한 국회법 조항에 관한 사건[각하, 위헌] ... 115
013. [98헌마55] 금융소득에 대한 분리과세제도 사건 [기각] ... 116
014. [2009헌라8] 미디어법 등 관련 권한쟁의 사건 [인용(권한침해),기각,각하] ... 116
015. [2019헌라6] 국회의장의 무제한토론 거부행위와 공직선거법 본회의 수정안의 가결선포행위에 관한 권한쟁의 사건 [기각] ... 116

016. [2004헌나1] 노무현 대통령 탄핵심판 [기각] ... 116
017. [2016헌나1] 박근혜 대통령 탄핵심판 [인용(파면)] ... 117
018. [91도3317] 국회의원 유성환의 국시론 사건 ... 117
019. [2009도14442] 국회의원 노회찬의 안기부 X파일 사건 ... 118
020. [2005다57752] 면책특권의 한계 ... 118

제3장 대통령과 정부

| 불소추특권 |
| 통치행위 |
  021. [93헌마186] 금융실명제 사건 [기각, 각하] ... 119
  022. [2016헌마364] 개성공단 전면중단 조치에 관한 위헌소원 사건 [기각, 각하] ... 119
  023. [2003헌마814] 일반사병 이라크파병 위헌확인 사건 [각하] ... 120
  024. [2007헌마369] 2007년 전시증원연습 사건 [각하] ... 121
| 국가긴급권 |
  025. [2010헌바70] 긴급조치 제1호 등 사건 [위헌] ... 121
| 위임입법 |
| 사면권 |
| 국민투표제도 |
| 국무총리 |
  026. [89헌마221] 국가안전기획부의 설치근거와 그 직무범위를 규정한 정부조직법 사건 [합헌, 각하] ... 122

제4장 법 원

027. [93헌바60] 작량감경을 하여도 집행유예를 선고할 수 없도록 법정형을 정한 강도상해죄 사건 [합헌] ... 123
028. [2015헌바331] 판사의 근무성적평정과 연임 결격 사건 [합헌] ... 123
029. [2009헌바34] 법관징계법 위헌소원 사건 [합헌] ... 123

제4편 헌법재판론

제1장 헌법재판제도 일반이론

| 재판관의 제척 · 기피 · 회피 |
  001. [2015헌마902] 재판관 기피 제한 사건 [기각] ... 127
| 가처분 |
  002. [2000헌사471] 사법시험 4회 응시자에 대한 4년간 응시제한 가처분 사건 [인용] ... 127
  003. [2018헌사242] 변호사시험 합격자 명단 공고 가처분 사건 [인용] ... 127
| 위헌결정의 기속력 |
  004. [2006헌마1098] 시각장애인에 대하여만 안마사 자격인정을 받을 수 있도록 하는 이른바 비맹제외기준을 설정하고 있는 구 의료법 조항 사건 [기각] ... 128
| 일사부재리 |

|재 심|
  005. [2015헌아20] 통합진보당 해산결정에 대한 재심 사건 [각하] ... 128
|다른법령의 준용|
  006. [2014헌마7] 정당해산심판절차에서의 민사소송법령 준용 및 가처분 조항에 관한 사건 [기각] ... 129

제2장 개별심판절차

제1절 위헌법률심판 ... 130
|한정위헌청구|
  007. [2011헌바117] 뇌물죄의 주체인 '공무원'의 해석·적용에 대한 위헌소원 사건 [한정위헌] ... 130
|위헌결정의 소급효|
  008. [92헌가10] 위헌결정의 소급효 사건 [합헌] ... 130

제2절 위헌심사형 헌법소원심판 ... 131

제3절 권리구제형 헌법소원심판 ... 131
  009. [96헌마172] 헌법재판소법 제68조 제1항 본문의 '법원의 재판'부분 사건 [한정위헌, 인용(취소)] ... 131
  010. [2014헌마760] 재판 취소 사건 [위헌, 인용(취소), 각하] ... 131
|부작위|
  011. [2008헌마385] 연명치료중단등에관한법률 입법부작위 사건 [각하] ... 132
  012. [2012헌마2] 국회의 퇴임한 헌법재판소 재판관 후임자 선출 부작위 사건 [각하] ... 132
  013. [2015헌마1177] 선거구 입법부작위 사건 [각하] ... 133
  014. [2006헌마788] 일본군위안부의 행정부작위 위헌소원 사건 [인용(위헌확인)] ... 133
  015. [2001헌마718] 군법무관의 봉급에 관한 행정입법부작위 사건 [인용(위헌확인)] ... 133
  016. [2006헌마358] '사실상 노무에 종사하는 공무원'에 관한 조례 입법부작위 사건 [인용(위헌확인)] ... 134
  017. [2004헌마66] 사법시험 성적세부산출 및 합격결정에 필요한 사항에 관한 행정입법부작위 사건 [각하] ... 134
|청구기간|
  018. [2017헌마479] 어린이통학버스 동승보호자 사건 [기각, 각하] ... 134
  019. [2009헌마205] 기소유예처분취소 ... 134
  020. [95헌마211] 불기소처분취소 ... 135

제4절 권한쟁의심판 ... 135
  021. [96헌라2] 법률안 변칙처리사건 [인용(권한침해), 기각] ... 135
  022. [2009헌라6] 국가인권위원회와 대통령 간의 권한쟁의 사건 [각하] ... 136
  023. [2014헌라1] 경상남도 교육감과 경상남도 간의 권한쟁의 사건 [각하] ... 136
  024. [2005헌라7] 강남구선관위의 강남구에 대한 지방선거경비 산출 통보행위
       (강남구 등과 국회 등 간의 권한쟁의) 사건 [기각, 각하] ... 136
  025. [2019헌라4] 국회 행안위 제천화재관련평가소위원회 위원장과 국회 행안위 위원장 간의 권한쟁의
       사건 [각하] ... 136
  026. [2005헌라8] 국회의원과 정부간의 권한쟁의 사건 [각하] ... 137
  027. [2015헌라4] 지자체 사회보장사업 정비 관련 권한쟁의 사건 [각하] ... 137
  028. [2010헌라1] 전교조 명단 공개 사건 [각하] ... 137

029. [2022헌라4] 검사의 수사권 축소 등에 관한 권한쟁의 사건[각하] 138
030. [98헌라4] 성남시와 경기도간의 권한쟁의 사건 [인용(무효확인), 인용(권한침해), 각하] 138
031. [2006헌라1] 신항 명칭 결정 사건 [각하] 138
032. [2010헌라3] 수도권 소재 사립대학에 대한 학생정원 증원 규제가 지방자치단체의 대학의 설립 및 운영에 관한 자치권한을 침해하는지 여부 [각하] 139
033. [2004헌라2] 강서구와 진해시간의 권한쟁의 사건 [인용(취소), 인용(권한확인), 인용(위헌확인)] 139
034. [2010헌라2] 해상경계획정(홍성군과 태안군 등 간의 권한쟁의) 사건 [인용(권한확인), 인용(무효확인)기각, 각하] 139
035. [2015헌라7] 경상남도와 전라남도 사이의 해상경계 획정에 관한 사건 [기각] 139
036. [2015헌라3] 공유수면 매립지에 관한 권한쟁의 사건 [각하] 140
037. [2009헌라12] 권한침해확인결정의 기속력 사건 [기각, 기타] 140

제1편
기본권론

제1장 기본권 총론

제2장 인간의 존엄과 가치·행복추구권

제3장 평등권

제4장 자유권적 기본권

제5장 정치적 기본권

제6장 청구권적 기본권

제7장 사회적 기본권

제4판
SIGNATURE
헌법 판례 ❸ 요약 키워드 NOTE

제1장 기본권 총론

제1절 기본권 일반
제2절 기본권의 성격
제3절 기본권과 제도보장

제4절 기본권의 주체

001 [2007헌마1083] 외국인 근로자의 사업장 변경 횟수 제한 사건 [기각]

- 외국인의 기본권주체성 – 인간의 권리
  사 안 : 직장선택의 자유 제한 O, 근로의 권리 제한 ✘
- 이 사건 법률조항 : 입법재량 / 직장선택의 자유 침해 ✘ [내국인 근로자의 고용기회 보호] / 포괄위임금지원칙 위반 ✘ [기본권을 본문보다 더 배려하기 위한 것]
- 이 사건 시행령조항 : 법률유보원칙 위반 ✘ [사업장 추가변경을 무제한으로 허용하지 않는 이상 횟수 역시 시행령에 함께 위임하는 것이 당연 / 직장선택의 자유 침해 ✘ [법률조항에 더하여 사업장변경을 추가로 허용해주기 위해 마련된 것인 점]

002 [2009헌가27] 방송사업자에게 사과방송을 명할 수 있도록 한 사건 [위헌]

- 법인의 기본권주체성 – 성질상 법인이 누릴 수 있는 기본권 / 인격권
- 과잉금지원칙 위반 O [주의 또는 경고만으로 반성 촉구 가능, 명령 아닌 권고형태 가능]

003 [2005헌마346] 잔여배아를 5년간 보존하고 이후 폐기하도록 한 생명윤리법 사건 [기각, 각하]

- 초기배아의 기본권주체성 ✘ / 국가의 보호의무 O
- 배아연구 관련 직업종사자의 기본권침해가능성 또는 자기관련성 ✘
- 배아생성자의 배아의 관리 또는 처분에 대한 결정권 – 헌법 제10조 인격권으로부터 도출
- 과잉금지원칙 위반 ✘ [잔여배아 수 증가로 인한 사회적 비용 절감, 의료기관 관리소홀로 배아의 부당 사용 방지]

004 [2007헌가23] 반민규명법 사건 [합헌]

- 조사대상자가 사자의 경우에도 인격적 가치에 대한 중대한 왜곡으로부터 보호되어야 함. 후손의 인격권 제한
- 과잉금지원칙 위반 ✘ [역사의 진실과 민족의 정통성 확인]

005 [2007헌마700] 대통령의 선거중립의무 준수요청 등 조치 취소 청구 사건 [기각]

가. 적법요건에 대한 판단
  1) '경고'의 공권력 행사성
- 경고로 인한 기본권 침해 가능성 ○ (경고 준수 의무. 법적지위에 불리한 효과 ○)
- 오마이뉴스 사건과의 차별성 - 오마이뉴스 사건은 청구인이 계획하는 행위에 대한 행정청의 권고적·비권력적 공명선거 협조요청에 불과. / 이 사건 조치는 과거 위법행위에 대한 유권적 확인
  2) 기본권 주체성 - 대통령. 사인으로서의 지위. 정치적 표현의 자유
나. 공직선거법 제9조 제1항의 위헌 여부
- 정치적 중립의무 있는 공무원 - 직업공무원+정치적공무원(대통령, 지자체장 등)
           - 국회의원과 지방의회의원은 포함 ✘
- 명확성원칙 위반 ✘
- 표현의 자유 침해 ✘ (대통령의 선거중립의무 우선)
- 평등원칙위반 ✘ - 국회의원, 지방의원 / 자의금지심사 / 대통령은 국정책임자, 행정부 수반
다. 이 사건 조치의 위헌 여부
- 명확성 원칙 위반 ✘
- 적법절차원칙 위반 ✘ - 선거운동의 특성상 신속하게 결정.

함께 보는 판례
- 축협중앙회의 기본권 주체성 인정
- 국가기관은 기본권의 수범자이지 소지자가 아님
- 지방자치단체의 기본권 주체성 부정

제5절 기본권의 효력

006 [2008다38288] 종립 사립고교 종교교육 사건

- 대사인적효력. 직접 적용 / 민법 2조, 103조, 750조 등 간접적용
- 종립학교가 특정 종교의 교리를 전파하는 종파적인 종교행사와 종교과목 수업을 실시하면서 참가 거부가 사실상 불가능한 분위기를 조성하는 등 신앙을 갖지 않거나 학교와 다른 신앙을 가진 학생들의 기본권을 고려하지 않은 것은, 학생의 종교에 관한 인격적 법익을 침해하는 위법한 행위이고, 그로 인하여 인격적 법익을 침해받는 학생이 있을 것임이 충분히 예견가능하고 그 침해가 회피가능하므로 과실 역시 인정된다고 한 사례

함께 보는 판례

- 사인에 의한 평등권 침해도 민법 제750조 등으로 논해질 수 있음. 반드시 별개의 입법이 있어야만 하는 것은 아님

제6절 기본권의 경합과 충돌

007 [2003헌마457] 금연구역 지정 사건 [기각]

가. 흡연권의 근거 : 헌법 10조, 17조
나. 흡연권의 제한 가능성
  1) 기본권의 충돌 – 흡연권은 헌법 10조, 17조를 근거로 하고, 혐연권은 헌법 10조, 17조, 건강권, 생명권을 근거로 함. 상위기본권 우선의 원칙. 흡연권은 혐연권을 침해하지 않는 한에서 인정.
  2) 공공복리를 위한 제한 – 국가의 의무
다. 과잉금지 원칙 위반 ✖ [국민의 건강 보호]
라. 평등권 침해 ✖

008 [2002헌바95] 유니온 샵 협정 사건 [합헌]

가. 근로자의 단결권 등 침해 여부
  1) 기본권 충돌의 해결방법 – 규범조화적 해석 / 이익형량 등
  2) 단결하지 아니할 자유와 적극적 단결권의 충돌
– 소극적 단결권은 헌법 33조에 포함 ✘. 10조, 21조에 근거 ○.
– 적극적 단결권은 소극적 단결권보다 중시.
  3) 단결선택권과 집단적 단결권의 충돌
– 어느 기본권이 상위 기본권이라고 단정할 수 없음. 규범조화적 해석
– 노조 조직유지 및 강화에 목적. 근로자 전체의 지위향상에 기여. 상충되는 기본권 사이 비례관계 유지 됨.
나. 평등권 침해 여부
– 지배노조와 그렇지 않은 노조 차별 / 소수노조에게 허용시 자칫 반조합의사를 가진 사용자에 의해 노조 탄압도구로 악용될 우려.

제7절 기본권의 제한 및 한계

법률유보원칙

009 [2015헌마654] 세월호피해지원법 사건 [위헌, 기각, 각하]

– 심의위원회에서 정하거나 대통령령 제정을 예정하고 있는 조항들의 경우 직접성 ✘
– 국가의 손해배상청구권 대위행사 규정은 기본권침해가능성 ✘
– 배상금지급결정에 동의한때 재판상 화해 성립 간주조항. 재판청구권 침해 ✘ [지급절차 신속히 종결. 심의위원회의 제3자성, 중립성, 독립성 보장. 심의의 공정성 보장]
– '세월호참사에 관하여 어떠한 방법으로도 일체의 이의를 제기하지 않을 것임을 서약합니다'라는 시행령 조항은 모법에 근거가 없어 법률유보원칙 위반 / 일반적 행동의 자유 침해 ○

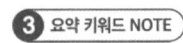

010 [2004헌마290] MBC문화방송에 대한 '경고' 사건   [인용(취소), 각하]

- PD수첩 제작자의 불이익은 간접적, 사실적인 것에 불과. 자기관련성 없음
- 행정제재가 기본권 제한적 효과를 지니게 된다면, 행정법적 법률유보원칙 위배여부에도 불구하고 헌법 제37조 제2항에 따라 엄격한 법률적 근거를 지녀야함
- 주의 또는 경고는 방송법 100조 1항에 나열된 제재조치의 범위를 벗어남. 법률유보원칙에 위반되어 방송의 자유 침해.

011 [2015헌마476] 최루액 혼합살수행위 위헌확인 사건   [인용(위헌확인), 각하]

- 이 사건 지침의 기본권 침해의 직접성 ✘
- 혼합살수행위는 법률유보원칙에 위반되어 신체의 자유와 집회의 자유 침해 ○

| 본질내용침해금지 |

012 [2008헌가23] 사형제 사건   [합헌, 각하]

- 우리 헌법은 사형제도를 간접적으로나마 인정
- 생명권도 헌법 제37조 제2항에 의한 일반적 법률유보의 대상이 됨
- 사형제도가 생명권 제한에 있어서 헌법상 비례원칙에 위반되는지 여부 ✘ [극악한 범죄에 대한 정당한 응보를 통한 정의 실현. 재범 가능성 영구히 차단. 강력한 범죄 억지력]

함께 보는 판례

- 법률유보원칙은 기본권규범과 관련 없는 경우에까지 준수되도록 요청되는 것은 아님
- 수단의 적합성의 의미 : 유일무이한 것일 필요 없음 / 복수축협설립금지 위헌
- 피해의 최소성 : 기본권 행사 '방법'에 관한 규제가 불가능할때 '여부'에 관한 규제를 선택해야 함. / 임의적 규정으로도 목적 달성 가능한데 필요적 규정 둔다면 최소침해성원칙 위반
- 본질내용침해금지는 개별기본권마다 다를 수 있음
- 목적의 정당성 ✘ : 혼인빙자간음죄, 동성동본금혼제

제8절 기본권의 보호의무

013 [2018헌마730] 공직선거 선거운동 시 확성장치 사용에 따른 소음 규제기준 부재 사건 [헌법불합치]

가. 건강하고 쾌적한 환경에서 생활할 권리. 환경권(제35조 제1항). 종합적 기본권. 인공환경과 같은 생활환경도 포함. 정온한 환경에서 생활할 권리
나. 국가의 보호의무. 헌법 제10조
다. 심사기준 - 과소보호금지원칙. 최소한의 보호조치를 취하였는가.
라. 위반여부 - 정온한 생활환경이 보장되어야 할 주거지역에서 출근 또는 등교 이전, 퇴근 또는 하교 이후 시간대에 최고출력 내지 소음 규제기준에 관한 규정을 두지 않은 것은 기본권 보호의무를 과소하게 이행.

014 [2012헌마38] 담배 제조 및 판매 사건 [기각, 각하, 기타]

- 담배 제조 및 판매에 관해 규율하고 있는 담배사업법에 대하여 간접흡연자와 의료인의 자기관련성 ✘
- 담배사업법이 국가의 보호의무를 위반하여 청구인의 생명·신체의 안전에 관한 권리를 침해하는지 여부(소극) [흡연과 폐암 등의 질병 사이에 필연적인 관계 ✘. 흡연자 스스로 흡연여부 결정할 수 없을 정도로 의존성 ✘]

015 [2008헌마419] 미국산 쇠고기 수입위생조건 사건 [기각, 각하]

- 생명·신체의 안전에 관한 것으로서 성질상 자연인에게만 인정되는 것이므로 진보신당의 청구인능력 ✘
- 일반 소비자의 자기관련성 ○ (실질적인 규율 목적 및 대상이 관련성 있음)
- 과소보호금지원칙 위반 ✘

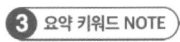

| 특별권력관계 |

016 [2002헌마478] 금치 처분을 받은 수형자에 대한 운동 등 금지 사건 [위헌, 기각]

- 금치처분 수형자에 대한 금치기간 중 접견, 서신수발 금지 조항의 통신의 자유 침해 ✘ [엄격한 격리에 의하여 개전 촉구]
- 금치처분 수형자에 대한 금치기간 중 운동 금지 조항의 인간의 존엄과 가치, 신체의 자유 침해 ○ [신체적 건강뿐만 아니라 정신적 건강을 해칠 위험성 현저히 높음]

017 [2014헌마45] 금치처분 받은 수용자에 대한 처우제한 사건 [위헌, 기각, 각하]

- 공동행사 참가정지조항 : 통신의 자유 및 종교의 자유 침해 ✘ [규율의 준수를 강제하여 수용시설 내 안전과 질서 유지. 실질적으로 위하력을 가질 수 있는 제재]
- 텔레비전 시청 제한조항 : 알 권리 침해 ✘
- 자비구매물품사용제한조항 : 일반적 행동의 자유 침해 ✘
- 실외운동 제한 조항 : 신체의 자유 침해 ○ [예외적인 경우에 한해 제한하는 덜 침해적인 수단 있음에도 불구하고 원칙적으로 금지하여 위헌]

018 [2012헌마623] 금치처분을 받은 미결수용자의 집필 및 서신수수 금지에 관한 사건 [기각, 각하]

- 징벌대상자에 대하여 처우를 제한하는 경우에는 징벌위원회의 의결을 거쳐 처우를 제한한 기간의 전부 또는 일부를 징벌기간에 포함할 수 있다고 규정한 조항이 직접성 요건을 충족하였는지 여부(소극)
- 집필제한조항 : 표현의 자유 침해 ✘ [집필 도구는 타인에게 위해를 가하거나 자해의 도구로 사용될 위험]
  비교판례 : 집필 전면금지 위헌
- 서신수수금지조항 : 통신의 자유 침해 ✘ [외부와의 접촉을 금지시키고 구속감과 외로움속에 반성에 전념]

제2장 인간의 존엄과 가치·행복추구권

| 인간의 존엄과 가치 |

019 [2013헌마142] 구치소 내 과밀수용행위 위헌확인 사건 [인용(위헌확인)]

- 적법요건 : 우월적 지위에서 행한 권력적 사실행위로서 공권력행사 해당 O / 권리보호이익 ✕. 심판청구이익 O
- 인간의 존엄과 가치 제한. 침해 O [모로 누워 '칼잠'을 자야할 정도로 매우 협소]

| 인격권 |

020 [2012헌마652] 피의자 조사과정 촬영허용행위 사건 [인용(위헌확인), 각하]

가. 적법요건에 대한 판단
- 공권력 행사성 : 권력적 사실행위 O
- 보충성 : 보도자료배포행위의 경우 피의사실공표죄로 고소 등 할 수 있으므로 보충성 ✕
- 권리보호이익 소멸. 심판청구이익 인정

나. 본안판단
- 헌법 제10조로부터 도출되는 초상권을 포함한 일반적 인격권 제한
- 범죄정보를 좀 더 실감나게 제공하려는 목적 외에 어떠한 공익도 인정하기 어려움. 과잉금지원칙 위반.

021 [2001헌바43] 공정거래위원회의 법위반사실공표명령 사건 [위헌]

- 양심의 자유 제한 ✕ [단순한 사실관계의 확인과 같이 가치적·윤리적 판단이 개입될 여지가 없는 경우는 물론, 법률해석에 관하여 여러 견해가 갈리는 경우처럼 다소의 가치관련성을 가진다고 하더라도 개인의 인격형성과는 관계가 없는 사사로운 사유나 의견 등은 양심의 자유의 보호대상 ✕]
- 일반적 행동자유권과 명예권 제한 O
- 소비자보호를 위한 보호적, 경고적, 예방적 형태의 공표조치를 넘어 무조건적으로 법위반을 단정하는 광범위한 조치. 과잉금지원칙 위반 O

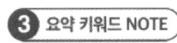

- 무죄추정의 원칙 위반 O [공소제기조차 되지 않고 단지 고발만 이루어진 수사 초기단계에서 유무죄판단이 가려지지도 않았는데도 유죄로 추정]
- 진술거부권 침해 O [형사절차에 들어가기 전 자백하게 하는 것]

022 [2004헌마1010] 태아성감별 고지금지 사건 [헌법불합치]

- 의료인의 태아성감별행위 등의 금지규정은 직접성 O
- 태아의 부도 가족 구성원의 한사람으로서 직접 이해관계가 있는 자. 자기관련성 인정 O
- 심판청구이익 인정 O
- 제한되는 기본권 : 의료인의 직업수행의 자유, 일반적 인격권으로부터 나오는 부모의 태아 성별 정보에 대한 접근을 방해받지 않을 권리
- 과잉금지원칙 위반 여부 : 낙태방지 목적. 적합한 수단 / 낙태가 사실상 이루어질 수 없는 임신 후반기에까지 성별정보를 알려주지 못하게 하는 것은 피해의 최소성 위반.

023 [2022헌마356] 태아의 성별 고지 제한 사건 [위헌]

- 임신 32주 이전에 태아의 성별 고지를 금지하여 낙태, 특히 성별을 이유로한 낙태를 방지함으로써 성비의 불균형 해소, 태아의 생명 보호. 목적의 정당성 인정 O
- 수단의 적합성 ✘ [남아선호사상의 확연한 쇠퇴, 자연성비의 도달, 태아의 성별과 낙태와의 관련성이 있다고 보기 어려움, 10년간 처벌사례가 없는 등 행위규제규범으로서의 역할을 다하지 못하고 있음]
- 부모가 태아의 성별 정보에 대한 접근을 방해받지 않을 권리 침해 O

| 행복추구권 |

024 [2006헌마618] 표준어 규정 사건 [기각, 각하]

- 공공기관 공문서를 표준어 규정에 맞추어 작성하도록 한 법률조항의 행복추구권 침해 ✘ [언어의 통일성에 대한 국민의 신뢰]

| 일반적 행동자유권 |

025 [2002헌마518] 자동차 운전자에게 좌석안전띠를 매도록 하고 이를 위반했을 때 범칙금납부통고를 하는 도로교통법 사건 [기각]

- 헌법 제10조 일반적 행동자유권. 가치있는 행동만 보호하는것은 아님. 개인의 생활방식과 취미에 관한 사항도 포함 O. 위험한 스포츠를 즐길 권리와 같은 위험한 생활방식으로 살아갈 권리도 포함 / 좌석안전띠를 매지 않을 자유는 일반적 행동 자유권 보호범위 O
- 과잉금지원칙 위반 ✘ [교통사고로부터 국민의 생명 또는 신체에 대한 위험과 장애 방지, 사회적 부담 줄일 필요]
- 사생활의 비밀과 자유 제한 ✘ - 도로는 공동체의 이익과 관련된 영역. 내밀한 영역 ✘
- 양심의 자유의 보호영역 ✘ - 좌석안전띠로 내면적 구축한 양심이 왜곡굴절 ✘.

026 [2008헌바83] 기부금품 모집에 허가를 받도록 한 기부금품모집규제법 사건 [합헌]

- 기속적인 기부금품 모집허가규정. 일반적행동의 자유 침해 ✘

027 [2009헌마406] 서울광장 차벽봉쇄 사건 [인용(위헌확인)]

- 이 사건 통행제지행위. 권력적사실행위. 보충성 예외 허용.
- 권리보호이익 ✘. 심판이익 인정
- 제한되는 기본권 : 1) 거주이전의 자유 ✘ (생활형성의 중심지 ✘)
  2) 공물이용권 ✘ (행복추구권은 포괄적인 자유권 O. 청구권 ✘)
  3) 일반적행동자유권 제한 O. 공공용물을 목적대로 이용할 권리 O.
- 일반적행동자유권 침해. 과잉금지원칙 위반 [일체의 집회를 금지하고 일반시민들의 통행조차 금지하는 전면적이고 광범위하며 극단적인 조치. 거의 마지막 수단. 몇군데 통로를 개설한다든지, 폭력집회 행해질 가능성이 적은 집회 통제 푸는 등의 조치 상정 가능]
- (보충의견 : 법률유보원칙 위반)

028 [2004헌가28] 자동차 등을 이용하여 범죄행위를 한 때 운전면허 필요적 취소 사건 [위헌]

- '운전면허를 받은 사람이 자동차등을 이용하여 범죄행위를 한 때' 부분의 명확성 원칙 위반 O [주된 범죄의 전후 범죄에 해당하는 예비나 음모, 과실범죄 등을 다 포함하여 포섭범위가 지나치게 광범위 함]
- 운전을 업으로 하는 자의 직업의 자유 / 업으로 하지 않는 자의 일반적 행동자유권 제한.
- 과잉금지원칙 위반 [원활환 교통확보. 차량을 이용한 범죄 발생 막기 위한 것 / 사안의 개별성과 특수성을 고려할 수 있는 가능성을 일체 배제하는 필요적 규정]

029 [2013헌가6] 자동차등을 이용한 범죄행위와 운전면허의 필요적 취소 사건 [위헌]

- '운전면허를 받은 사람이 자동차등을 이용하여 살인 또는 강간 등 행정안전부령이 정하는 범죄행위를 한 때' 부분
  1) 법률유보원칙 위반 ✕ [범죄행위는 유형이 매우 다양하므로 입법자가 반드시 법률로 정해야 하는 사항 아님]
  2) 포괄위임금지원칙 위반 ✕ [살인, 강간과 같이 고의로 국민의 생명과 재산에 큰 위협을 초래할 수 있는 중대한 범죄가 될 것임을 충분히 예측 가능]
  3) 과잉금지원칙 위반하여 직업의 자유 및 일반적행동의 자유 침해 [불법의 정도에 상응하는 제재수단 선택할 수 있도록 하여도 충분히 목적 달성 가능]

030 [2019헌가9] 운전면허 부정 취득 시 모든 운전면허 필요적 취소 사건 [위헌]

- 직업의 자유, 일반적 행동자유권 제한
- 부정 취득한 운전면허 부분 : 피해의 최소성 위반 ✕
- 부정 취득하지 않은 운전면허 부분 : 피해의 최소성 위반 O. [불법의 정도에 상응하는 제재수단을 선택하도록 하는 것으로도 충분히 입법목적 달성 가능]

031 [2015헌마236] 청탁금지법(일명 김영란법) 사건 [기각, 각하]

가. 적법요건에 대한 판단
- 언론인 등 자연인을 수범자로 하는 조항에 대한 사단법이 한국기자협회의 기본권침해가능성 및 자기관련성 ✕.

나. 본안 판단
1) 언론인 및 사립학교 관계자의 부정청탁금지조항 / 대가성 여부를 불문하고 직무관련 금품수수 금지 및 직무관련 없더라도 동일인인으로부터 일정 금액 초과하는 금품수수금지 조항
   - '부정청탁', '법령', '사회상규'의 죄형법정주의의 명확성원칙 위반 ✘
   - 일반적 행동자유권 침해 ✘ [공직자에 맞먹는 청렴성 및 업무의 불가매수성]
2) 언론인 및 사립학교 관계자가 받을 수 있는 외부강의 대가, 음식물, 경조사비, 선물 등을 대통령령에 위임하고 있는 조항
   - 과태료는 행정질서벌에 해당할뿐 형벌이 아니므로 죄형법정주의 규율대상 ✘
   - '사교', '의례', '선물'의 명확성 원칙 위반 ✘
   - 포괄위임금지원칙 위반 ✘ [사회통념을 반영. 현실의 변화에 대응하여 유연하게 규율]
3) 배우자가 직무관련하여 수수금지금품 받은 사실을 안 경우 언론인 및 사립학교 관계자에게 신고의무 부과 조항
   - 명확성원칙 위반 ✘
   - 자기책임원리, 연좌제금지원칙 위반 ✘ [위법행위 알고도 신고하지 않을때 비로소 처벌]
   - 과잉금지원칙 위반 ✘ [부정한 영향력을 끼치려는 우회적 통로 차단]
4) 위 조항들의 평등권 침해 ✘ - 공무원에 버금가는 공정성, 청렴성, 직무의 불가매수성

| 계약의 자유 |

032 [89헌마204] 특수건물에 대하여 특약부 화재보험계약을 강제하는 사건 [한정위헌]

- 보험가입강제의 취지는 화재로 인하여 타인에게 재해를 입힌 경우 대인적 배상책임의 이행이라는 공공복리에 있는 것 / 단순히 4층 이상 건물이라는 이유만으로, 다수인이 출입하지 않아 화재가 나도 대인적 손해가 크게 문제되지 않을 경우까지 가입강제 확장은 계약의 자유 침해.

| 자기결정권 |

033 [96헌가18] 자도소주 구입명령제도 사건 [위헌]

가. 직업의 자유와 소비자의 자기결정권 침해 ○
   - 소주판매업자의 직업행사의 자유 제한 / 소주제조업자의 기업의 자유 및 경쟁의 자유 제한 / 소비자의 자기결정권 제한
   - 헌법 제119조 제2항 독과점규제의 목적이 경쟁의 회복에 있다면 이 목적을 실현하는

수단 또한 자유롭고 공정한 경쟁을 가능하게 하는 방법이어야 함
- 헌법 제123조 지역경제육성의 목적은 구체적이고 합리적인 이유가 있어야함
- 헌법 제123조 제3항 중소기업의 보호는 원칙적으로 경쟁질서의 범주내에서 이뤄져야 함.

나. 평등권 침해 O
- 중소기업이 소주제조업자냐 다른 제조업자냐에 따라 합리적 이유 없이 달리 취급

다. 신뢰보호이익 침해여부 ✗
- 기존 소주제조업자의 강한 신뢰보호이익 인정. 그러나 이러한 신뢰보호도 '능력경쟁의 실현'이라는 보다 우월한 공익에 직면하여 종래의 법적 상태의 존속을 요구할 수 없음.

함께 보는 판례
- 탁주의 공급구역제한제도 합헌 [탁주제조업체간 과당경쟁 방지. 국민보건위생 보호]

034 [2009헌바17] 간통죄 사건 [위헌]

- 성적 자기결정권 및 사생활의 비밀과 자유 침해

035 [2017헌바127] 낙태죄 사건 [헌법불합치]

가. 자기낙태죄 조항에 대한 판단
- 제한되는 기본권 - 임신한 여성의 자기결정권
- 침해여부 :
  - 임신한 여성의 자기결정권과 태아의 생명권의 직접적인 충돌을 해결해야 하는 사안으로 보는 것은 적절하지 않음
  - 목적의 정당성, 수단의 적합성 O : 태아 생명 보호
  - 침해의 최소성, 법익의 균형성 ✗ : 생명의 발전과정을 구분하고 단계에 상이한 법적효과 부여하는 것이 불가능하지 않음. 태아의 독자적 생존시점 기준으로 국가의 생명보호 수단 및 정도를 달리 할 수 있음. 모자보건법상 정당화사유에는 다양하고 광범위한 사회적·경제적 사유에 의한 낙태갈등 상황이 전혀 포섭되지 않음.

나. 의사낙태죄 조항에 대한 판단
- 업무상 동의낙태죄와 자기낙태죄는 대향범. 당연히 위헌

| 자기책임의 원리 |

036 [2009헌마170] 회계책임자가 300만원 이상의 벌금을 선고받은 경우 후보자의 당선을 무효로 하는 공직선거법 사건 [기각]

- 연좌제금지원칙 위반 ✘ [회계책임자는 원칙적으로 친족 ✘]
- 자기책임의 원리 위반 ✘ [후보자는 최소한 회계책임자에 대하여는 선거범죄를 범하지 않도록 지휘·감독할 책임을 짐]
- 적법절차원칙 위반 ✘ [선거관계의 조기 확정]
- 과잉금지원칙 위반하여 공무담임권 침해 ✘ [선거운명공동체]

| 인격의 자유로운 발현권 |

037 [98헌가16] 과외교습금지 사건 [위헌]

- 부모의 자녀 교육권 – 헌법 36조 1항, 10조, 37조 1항 / 다른 교육의 주체와의 관계에서 원칙적인 우위
- 교육에 대한 국가의 책임
- 학교교육 범주 내에서는 국가와 부모가 함께 자녀 교육 담당 / 학교 밖의 영역에서는 원칙적으로 부모의 교육권이 우위
- 제한되는 기본권 : 직업의 자유 / 일반적 행동자유권(무상.일회적) / 아동과 청소년의 인격의 자유로운 발현권 / 부모의 교육권
- 원칙과 예외가 전도된 규율형식. 위헌.

038 [2017헌마691] 수능시험의 EBS 교재 연계출제에 관한 사건 [기각, 각하]

가. 적법요건에 대한 판단
- 고등학교 교사들의 교재사용 부담은 사실상의 부담에 불과. 기본권침해가능성 ✘
- 성년의 자녀를 둔 부모는 기본권침해가능성 ✘.

나. 본안에 대한 판단
- 교육을 통한 인격의 자유로운 발현권 제한 ○
- 균등하게 교육을 받을 권리 제한 ✘
- 국가는 수능시험출제방향등에 폭넓은 재량권. 교육제도에 관한 국가의 입법형성권 감안
- 과잉금지원칙 위반 ✘ [사교육비 줄이고 학교교육 정상화 목적. 70% 연계. EBS 교재 외에 다른 교재나 강의 등을 선택하여 공부 가능]

제3장 평등권

039 [98헌마363] 제대군인 가산점 제도 사건 [위헌]

가. 가산점 제도는 헌법 39조 2항에 근거한 제도 ✘. 입법정책적으로 도입된 것
나. 평등원칙 위반여부 ○
- 차별의 대상 : 실질적으로 성별에 의한 차별, 병역면제자와 보충역복무 하게 되는자 차별
- 심사 척도 : 헌법에서 특별히 평등요구(32조 4항) + 관련 기본권 중대한 제한(공무담임권)
- 비례원칙 위반 [여성들의 공직진출에의 희망에 걸림돌]
다. 공무담임권 침해여부 ○
- 능력주의를 바탕으로 해야함 / 다만 헌법 기본원리, 특정조항으로 예외인정가능
- 사안은 능력주의 제한할 수 있는 정당한 근거 없음

040 [2006헌마328] 남자에 한하여 병역의무를 부과한 병역법 사건 [기각, 각하]

- 심사기준 : 헌법 11조 1항 후문의 '성별'은 예시사유. 절대적 차별금지 영역 ✘. 완화심사
- 판단 : 남자는 여자에 비하여 보다 전투에 적합한 신체 능력. 합리적 이유 있음.

041 [2008헌바56] 직계비속 고소금지 규정 사건 [합헌]

- 재판절차진술권의 중대한 제한 초래 ✘. 완화심사. 합헌 [유교적 전통]

042 [2004헌마670] 외국인산업기술연수생에 대한 근로기준법 제외 사건 [위헌, 각하]

- 근로의 권리 중 일할 환경에 관한 권리에 대한 외국인 근로자의 주체성 인정
- 행정규칙도 되풀이 시행되어 행정관행 이룩되면 대외적 구속력 인정. 공권력행사 ○
- 자의금지심사 / 사실상 노무 제공하고 금품 수령하는 등 실질적인 근로관계에도 근로기준법 적용 배제는 합리적 이유 없음. 평등권 침해.

043 [2017헌마643] 공중보건의사의 군사교육 소집기간 보수 미지급 사건 [기각]

- 병역의무 이행으로 인한 보수는 교환적 대가관계 ✘. 정책적 목적. 수혜적 성격. 완화심사.
- 평등권 침해 ✘ [1회 30일 이내. 의식주 등 기본 물품 제공]

044 [2018헌마221] 자사고를 후기학교로 규정하고, 자사고 지원자에게 평준화지역 후기학교 중복지원을 금지한 초·중등교육법 시행령 사건 [위헌, 기각]

가. 교육제도 법정주의(헌법 31조 6항) 위반 ✘ [초중등교육법에서 기본적인 사항 이미 규정]
나. 동시선발조항
　1) 사학운영의 자유 침해 ✘
　　- 기본권제한 한계 일탈 ✘ [우수학생 선점해소. 고교서열화 완화. 고등학교 입시경쟁 완화]
　　- 신뢰보호원칙 위반 ✘ [신입생 선발시기에 관하여 자사고에 특별한 신뢰 부여 ✘]
　2) 평등권 침해 ✘ [과학고는 '과학분야 인재 양성'이라는 측면에서 우선선발 필요성 있음]
다. 중복지원금지조항
- 학생 및 학부모의 평등권 침해 여부 / 고등학교 진학기회의 평등 문제. 엄격심사
- 평등권 침해 O [평준화고 지원자들은 중복지원 가능 / 자사고 지원했다가 불합격한 평준화지역 소재 학생들은 원칙적으로 일반고 지원 기회 없음. 고등학교 진학 자체가 불투명]

045 [2000헌마25] 국가유공자와 그 가족에 대한 가산점 규정 1차 사건 [기각]

- 평등권 침해 ✘ : 헌법 32조 6항은 국가유공자 등에 대해 차별대우 명령 / 사안은 공무담임권에 중대한 제한 초래하는 경우이지만, 헌법에서 차별대우명령 규정 고려하여 완화된 기준 적용 / 국가유공자등의 생활안정 도모. 합헌.
- 공무담임권 침해 ✘
- 직업선택의 자유는 공직취임권을 통해 보호받으므로 별도 심사 ✘

046 [2004헌마675] 국가유공자와 그 가족에 대한 가산점 규정 2차 사건 [헌법불합치]

- 종전 합헌결정 변경 필요성 : 32조 6항은 조문 문리해석대로 국가유공자, 상이군경, 전몰군경의 유가족으로 봄이 상당함
- 평등권 침해 O : 국가유공자는 별론으로 하고 그 가족은 32조 6항이 근거가 되지 못

하므로 완화심사는 부적절 / 명시적 헌법적 근거 없이 가족에게 10%라는 높은 가산점 부과. 비례성 위반
- 공무담임권 침해

047 [2013헌마553] 청년고용할당제 사건 [기각, 각하]

- 대통령령으로 정하는 공공기관 및 공기업으로 하여금 매년 정원의 100분의 3 이상씩 34세 이하 청년 미취업자 채용 / 청년실업문제 해결 / 3년간 한시적 시행 / 평등권, 공공기관 취업의 자유 침해 ✖

048 [2020헌가12] 국가를 상대로 한 당사자소송에서의 가집행선고 제한 사건 [위헌],

- 평등원칙 위반 ○ [자의금지 심사 / 공법상 법률관계를 전제로 한다는 점만으로 국가를 우대할 합리적인 이유가 없음 / 집행가능성 여부에 있어서도 국가와 지방자치단체 등이 실질적인 차이가 있다고 보기 어려움 / 국가가 아닌 공공단체 그 밖의 권리주체가 피고인 경우에 비하여 합리적인 이유 없이 차별]

제4장 자유권적 기본권

제1절 인신에 관한 자유

049 [2015헌마1149] **직사살수 사건** [인용(위헌확인), 각하]

- 백남기 가족과 백남기 본인의 주위적·예비적 청구는 부적법. 공동심판참가신청으로 선해
- 배우자와 자녀들의 심판청구는 자기관련성 ✘
- 살수행위의 근거규정은 직접성 ✘
- 청구인 백남기 사망에도 불구하고 심판이익 인정 ○ / 심판절차 종료 ✘
- 직사살수행위는 수단의 적합성 ✘. 생명권, 집회의 자유 침해 [당시 억제할 필요성 있는 위험 ✘]

| 형벌불소급 원칙 |

050 [2015헌바239] 소위 '황제노역'과 관련하여 노역장유치기간의 하한을 정하면서 개정 전 범죄행위에 대하여도 소급적용하도록 한 형법 조항 사건 [위헌]

가. 형법 70조 2항
- 신체의 자유 침해 ✘ 과잉금지 위반 ✘ [고액벌금 납입 회피수단 이용 방지, 환형유치금액에 대한 형평성 제고]

나. 부칙조항
- 형벌불소급원칙에서의 '형벌'은 형법에 규정된 형벌에 국한 ✘. 제재의 실질이 형벌적 불이익을 가져오면 적용 ○. / 상한, 하한, 주형 가중, 부가형, 병과형 가중에도 적용됨
  (형벌적 보안처분에 적용 ○, 보호감호 처분에 적용 ○, 가정폭력범죄처벌특례법상 사회봉사명령에 적용 ○)
- 노역장유치는 벌금형에 부수하는 환형처분. 집행방법이 징역형과 동일. 형벌불소급원칙 적용 ○
- 형벌불소급원칙 위반

051 [96헌가2] 5·18민주화운동 등에 관한 특별법 사건 [합헌]

가. 개별사건법률에 해당 ○ / 개별사건법률이라 하여 곧바로 위헌은 아니고 평등의 원칙에 따라 합리적 이유가 있는 경우에 정당화 됨 / 사안은 정당화되는 공익 존재
나. 소급효를 가진 법률인지 여부 – 재판관 3인 : 법원의 판단 문제 / 재판관 3인 : 헌정질서파괴행위는 소추장애사유이므로 공소시효 진행이 당연히 정지된걸 입법으로 확인한데 불과하므로 소급입법 ✗ / 재판관 2인 : 형성적인 소급입법
다. 형벌불소급원칙 적용여부 – 절대적 소급효 금지 대상은 '범죄구성요건'. 소추가능성에만 연관될뿐 가벌성에 영향없는 공소시효는 적용 ✗
라. 1) 공소시효가 완성되지 않았다고 보는 경우 : 신뢰이익보다 공익 중요. 합헌
2) 공소시효가 완성되었다고 보는 경우 : 진정소급입법이지만 중대한 공익 존재. 합헌.

| 명확성의 원칙 |

052 [2007헌가4] 제한상영가 등급 사건 [헌법불합치]

- 제한상영가 – 명확성원칙 위반
- 제한상영가 구체적 기준을 등급위원회에 위임하고 있는 규정 – 포괄위임금지원칙 위반

| 형벌에 관한 책임주의 |

053 [2011헌가20] 법인 양벌규정 사건(종업원 부분) [위헌]

- 법인의 대리인, 사용인, 종업원이 법위반행위 한때 법인도 벌금형을 과하는 것은 책임주의 원칙 위반 (cf. 법인의 대표자 행위에 대한 무과실 책임 합헌 / 대리인, 사용인, 종업원에 대한 법인의 과실책임 합헌)

책임과 형벌의 비례원칙

054 [2002헌가5] 반국가적 범죄를 반복하여 저지른 자에 대해 사형을 선고할 수 있게 한 사건 [위헌]

- 형벌체계상의 균형성을 현저히 상실. 위헌 / 명확성의 원칙 위반

055 [2019헌바446] 2회 이상 음주운전 시 가중처벌 사건 (이른바 '윤창호 사건') [위헌]

- 명확성 원칙 위반 ✖ [2006.6.1. 이후 술에취한 상태에서 운전을 하였던 사실이 인정되는 사람으로서 다시 같은 조 제1항을 위반하여 술에 취한 상태에서 운전한 사람]
- 책임과 형벌 간의 비례원칙 위반 ⭕ [가중요건이 되는 과거 음주운전 금지규정 위반행위와 재범 음주운전 금지규정 위반 행위 사이에 아무런 시간적 제한이 없고, 과거 위반행위가 형의 선고나 유죄의 확정판결을 받은 전과일 것을 요구하지도 않음 / 형벌 강화는 최후의 수단]

이중처벌금지

056 [2002헌가14] 청소년 성매수자에 대한 신상공개 사건 [합헌, 각하]

- 이중처벌금지원칙 – '처벌'은 국가의 형벌권 실행으로서의 과벌 / 일체의 제재나 불이익처분 의미 ✖ / 신상정보공개로 수치심 발생한다 하여도 형벌 ✖ / 위반 ✖
- 과잉금지원칙 – 일반적 인격권 및 사생활의 비밀과 자유 제한 ⭕ / 침해 ✖ [일반국민에게 경각심. 유사한 범죄 예방. 청소년 보호]
- 평등원칙 위반 ✖ [청소년 대상 성범죄와 그 밖의 일반 범죄는 비교집단 ✖]
- 법관에 의한 재판받을 권리 침해 ✖ [신상공개제도는 처벌이 아니므로]
- (절차적) 적법절차원칙 위반 ✖ [의견진술기회 부여, 범행동기나 범행후의 정황 등 고려, 청소년보호위원회는 독립성과 중립성을 갖춘 기관]

057 [2015헌바35] 위치추적 전자장치 부착명령 소급 청구 사건 [합헌]

- 명확성 원칙 위반 ✖ ['성폭력범죄의 습벽' 해석 가능]
- 이중처벌금지원칙 위반 ✖ [과거 불법에 대한 응보 ✖. 장래 재범 위험성 예방]
- 전자발찌는 비형벌적 보안처분. 형벌불소급원칙 위반 ✖

- 사생활의 비밀과 자유, 개인정보자기결정권, 인격권 제한 O. 침해 ✗ [성폭력범죄의 재범 방지 및 사회보호]

| 연좌제금지 |

058 [2005헌마19] 배우자의 중대 선거범죄를 이유로 후보자의 당선을 무효로 하는 사건 [기각]

- 헌법 13조 3항. 오로지 친족이라는 사유만으로 불이익 처우 가하는 경우 적용 / 배우자는 후보자와 불가분의 선거운명공동체이므로 연대책임. 금지되는 연좌제 ✗
- 공무담임권 침해 ✗ [깨끗하고 공명한 선거라는 중요한 가치. 불법성이 대단히 중대한 범죄들로 국한]
- 적법절차원칙 위반 ✗ [배우자에 대한 재판절차를 통한 적법절차가 보장된다면 후보자에 대해 따로 적법절차의 보장이 필요한 것은 아님]

| 적법절차원칙 |

059 [2002헌가17] 피의자에 대한 지문채취 강제 사건 [합헌]

- 영장주의 적용되는 강제처분 ✗ [직접 물리적 강제력 행사 ✗. 심리적·간접적 강제. 당사자의 자발적 협조 필수]
- 적법절차원칙 위반 ✗ [피의자 신원확인은 피의자를 특정하고 범죄경력을 조회함으로써 타인의 인적사항 도용과 범죄 및 전과사실의 은폐 등 차단. 형사사법제도의 적정운영 / 피해자에 대한 피해를 최소화하기 위한 고려하고 있음. 범인 검거에 중요한 역할]

| 영장주의 |

060 [2007헌마1468] 한나라당 대통령후보 이명박의 주가조작 등 범죄혐의의 진상규명을 위한 특별검사의 임명법 사건 [위헌, 기각]

가. 특별검사에 의한 수사대상을 특정인에 대한 특정사건으로 한정한 것
- 평등권 침해 ✗ [처분적 법률 O. 특별검사제도에 대한 국회의 폭넓은 재량범위 일탈 ✗]
- 신체의 자유(불법적인 심문을 받지 않을 권리) 침해 ✗

제4장 자유권적 기본권

- 명확성원칙 위반 ✘
- 공정한 재판을 받을 권리 침해 ✘
나. 대법원장이 특별검사 후보자 2인 추천
- 적법절차원칙 위반 ✘ [대법원장이 추천한다 하여 스스로 심판하는 구조 ✘]
- 권력분립원칙 위반 ✘ [정치적 중립성 지켜야 할 대법원장의 지위 고려]
다. 참고인에 대한 동행명령을 요구하고 정당한 사유 없이 거부하면 벌금형을 부과하는 조항
- 재판관 5인의 위헌의견 - 영장주의 위반 ○ [실질적으로 참고인의 신체의 자유 침해] / 과잉금지원칙 위반 ○ [참고인은 수사의 협조자에 불과하므로 원칙적으로 출석의무 ✘]
- 재판관 2인의 위헌의견 - 과잉금지원칙 위반 ○
라. 재판기간을 단기간으로 규정한 조항 - 특검 특수성 고려. 공정한 재판받을 권리, 평등권 침해 ✘.

061 [93헌가2] 보석허가결정에 대한 검사의 즉시항고 사건 [위헌]

- 단순한 의심을 넘어 합리적 위헌의 의심이 있으면 제청 의무 ○
- 보석허가결정에 대해 검사의 즉시항고를 허용하는 것은 영장주의와 적법절차원칙 위반 ○. 과잉금지원칙 위반 ○. [검사의 불복을 법원의 판단보다 우선시킨 것]

062 [2000헌가12] 행정상 즉시강제로서의 불법게임물 수거·폐기 사건 [합헌]

- 재산권 침해 ✘ [불법게임물 유통방지. 등급분류제 정착. 사행성 조장 억제]
- 행정상 즉시강제에는 원칙적으로 영장주의 적용 ✘ / 급박성이 인정되지 않는데도 즉시강제를 인정하면 과잉금지 위반.

| 체포·구속적부심사제도 |

063 [2002헌바104] 구속적부심사를 청구한 피의자에 대한 검사의 전격기소 사건 [헌법불합치]

- 청구인의 절차적 기회가 반대당사자(검사)의 전격기소라고 하는 일방적 행위에 의하여 제한되어야 할 합리적인 이유가 없음. 위헌.

| 변호인의 조력을 받을 권리 |

064 [2009헌마341] 미결수용자 공휴일 접견 불허 사건 [기각]

- 변호인과의 접견교통권은 어떠한 명분으로도 제한될 수 있는 성질의 것이 아님 / 이는 '자유로운 접견', '대화내용에 대하여 완전 비밀 보장'을 의미하지 아무런 제한도 가할 수 없다는 것은 아님. / 변호인의 조력을 받을 권리도 법률로써 제한 가능.
- 법률유보원칙 위반 ✘
- 변호인의 조력을 받을 권리 침해 ✘ [특정시점에서 접견 이루어지지 못했다고 해서 곧바로 권리침해 ✘. 피의자 또는 피고인의 방어권 행사에 어느 정도는 불이익이 초래되어야 / 사안은 이틀 후 접견 실시되는 등 불이익 ✘]

065 [2000헌마138] 불구속 피의자의 피의자신문에 변호인의 참여요청을 거부한 사건 [인용(위헌확인)]

- 불구속 피의자나 피고인이 변호인을 옆에 두고 조언과 상담을 구하는 것은 수사절차의 개시에서부터 재판절차의 종료에 이르기까지 언제나 가능함.

066 [2009헌마257] 법원의 열람·등사 허용 결정에 따른 변호인의 열람·등사 신청에 대한 검사의 거부 사건 [인용(위헌확인)]

- 보충성원칙 : 이 사건 거부처분은 수사서류 열람·등사권을 방해하는 권력적 사실행위로서 공권력행사에 해당할 뿐, 항고소송의 대상이 되는 행정처분이 아님.
- 수사서류 열람·등사와 관련 있는 기본권 : 신속공정한 재판을 받을 권리, 변호인의 조력을 받을 권리
- 법원의 열람·등사 허용 결정에도 불구하고 검사가 이를 신속하게 이행하지 아니하는 경우에는 해당 증인 및 서류 등을 증거로 신청할 수 없는 불이익을 받는 것에 그치는 것이 아니라, 그러한 검사의 거부행위는 피고인의 열람·등사권을 침해하고, 나아가 피고인의 신속·공정한 재판을 받을 권리 및 변호인의 조력을 받을 권리까지 침해.
- 개별 수사서류에 대한 정당한 사유를 심사할 필요 없이 그 자체로 기본권 침해

067 [2015헌마243] 변호인접견실에 CCTV를 설치하여 관찰한 행위와 미결수용자와 변호인 간에 수수한 서류 확인 및 등재행위 위헌확인 사건 [기각]

- CCTV 관찰행위 : 변호인의 조력을 받을 권리 침해 ✘ [금지물품의 수수나 교정사고 방지]
- 서류 확인 및 등재행위 : 변호인의 조력을 받을 권리, 개인정보자기결정권 침해 ✘ [구금시설의 안전과 질서 유지, 금지물품이 외부로부터 반입 또는 외부로 반출되는 것 차단]

068 [2014헌마346] 인천국제공항 송환대기실에 수용된 난민에 대한 변호인접견거부 위헌확인 사건 [인용(위헌확인)]

- 청구인적격 및 자기관련성 : 변호인의 조력을 받을 권리는 성질상 인간의 권리. 외국인도 주체성 인정 / 변호인접견거부의 직접적인 상대방은 변호인이지만, 그로 인해 청구인도 도움을 받지 못하게 되었으므로 권리침해가능성 인정.
- 보충성, 심판이익 인정
- 청구인에게 변호인의 조력을 받을 권리가 인정되는지 여부 ○
  - 청구인은 송환대기실에서 '구속'을 당한 경우에 해당.
  - 헌법 제12조 제4항 본문에 규정된 '구속'에 행정절차상 '구속'도 포함.
- 이 사건 변호인 접견신청 거부는 아무런 법률상 근거 없이 변호인의 조력을 받을 권리를 제한한 것이므로 변호인의 조력을 받을 권리 침해 / 국가안전보장이나 질서유지, 공공복리를 위해 필요한 기본권 제한 조치도 아님.

069 [2016헌마503] 피의자신문에 참여한 변호인에 대한 후방착석요구행위 등 위헌확인 사건 [인용(위헌확인), 각하]

가. 이 사건 후방착석 요구행위
 1) 공권력 행사성 ○ - 우월한 지위에서 행한 권력적 사실행위
 2) 보충성 - 변호인참여 등에 관한 처분에 대해 형사소송법 제417조의 준항고로 다툴수 있는지 불명확. 보충성의 예외가 인정됨
 3) 권리보호이익 소멸, 심판이익 인정.
 4) 피의자 및 피고인을 조력할 변호인의 권리 중 그것이 보장되지 않으면 그들이 변호인의 조력을 받는다는 것이 유명무실하게 되는 핵심적인 부분(변호인의 변호권)은 헌법상 기본권으로 보호됨 ○. / 이 사건 후방착석요구행위는 목적의 정당성 ✘.
나. 이 사건 참여신청서 요구행위 - 비권력적 사실행위. 공권력 행사 ✘

070 [2015헌마1204] 변호인이 되려는 자의 피의자 접견신청을 불허한 사건 [인용(위헌확인),각하]

- 변호인이 되려는 자의 접견교통권의 기본권성 인정 O [헌법 제12조 제4항. 체포 또는 구속을 당한 때에 "즉시" 변호인의 조력을 받을 권리를 가짐. / 변호인 선임을 위하여 피의자 등이 가지는 '변호인이 되려는 자'와의 접견교통권 역시 헌법상 기본권으로 보호됨. / '변호인이 되려는 자'의 접견교통권은 피의자 등을 조력하기 위한 핵심적인 부분. 표리관계에 있음. 기본권으로 보장되어야 함]
- 검사의 접견불허행위는 헌법이나 법률의 근거 ✗. 위헌.

| 무죄추정의 원칙 |

071 [96헌가12] 형사사건으로 기소된 공무원에 대한 필요적 직위해제 사건 [위헌]

- 기소되기만 하면 일률적으로 직위해제. 직업의 자유 침해, 무죄추정의 원칙 위반.

072 [2004헌바12] 형사사건으로 기소된 공무원에 대한 임의적 직위해제 사건 [합헌]

- 구체적인 경우에 따라 개별성과 특수성을 판단하여 직위해제 여부 결정. 공무담임권 침해 ✗, 적법절차원칙 위반 ✗. 무죄추정의 원칙 위반 ✗.

| 진술거부권 |

073 [96헌가11] 음주측정 사건 [합헌]

- 진술거부권 침해 ✗ : 수사 또는 공판절차 계속중인 자 뿐만 아니라 장차 피의자나 피고인이 될 자에게도 보장, 형사절차 뿐만 아니라 행정절차나 국회에서의 조사절차 등에서도 보장됨. 진술거부권은 법률로써도 진술을 강요당하지 않음 / 진술은 '언어적 표출'을 의미하므로 음주측정은 '진술'이 아님.
- 영장주의 위반 ✗ : 음주측정은 성질상 강제될 수 있는것이 아니며, 당사자의 자발적 협조가 필수적.
- 적법절차원칙 위반 ✗
- 양심의 자유 침해 ✗ [음주측정에 응하였다 하여 내면적으로 구축된 인간양심이 왜곡 굴절된다고 할 수 없음]

074 [2004헌바25] 정치자금의 수입·지출에 관한 회계장부 사건 [합헌]

- 정치자금을 받고 지출하는 행위를 문자로 기재하는 것은 언어적 표출의 등가물로 평가할 수 있으므로 '진술'의 범위에 포함됨. / 궁극적으로 정치자금의 투명성을 확보하여 민주정치의 건전한 발전을 도모하려는 것. 진술거부권 침해 ✖
- 회계장부 보존하는 행위는 진술 ✖.

| 인신보호제도 |

075 [2014헌가9] 정신질환자 보호입원 사건 [헌법불합치]

- 보호의무자 2인이 정신과전문의와 공모하거나 방조·용인을 받는 경우 보호입원 제도가 남용될 위험성이 커짐. 신체의 자유 침해 O.

076 [2013헌가21] 인신보호법상 즉시항고 제기기간 사건 [위헌]

- 수용자가 직접 법원에 가서 즉시항고장 접수할 수 없고, 외부인의 호의와 협조가 필수적이어서 기대하기 어려운 때에는 효과적이지 않음. 우편물 발송 및 도달 시간 고려하면 3일의 기간이 충분하지 않음. 재판청구권 침해.

| 신체의 자유 |

077 [2013헌가9] 성충동 약물치료(속칭 화학적 거세)의 위헌 여부 [헌법불합치, 합헌]

가. 성충동 약물치료의 법적 성격
- 형벌은 과거 불법에 대한 응보 목적 제재 / 보안처분은 장래 재범 위험성 예방 제재.
- 성충동약물치료는 장래를 향한 조치. 보안처분에 해당함.

나. 신체의 자유 등 기본권 침해 여부
- 신체의 자유, 사생활의 자유, 성적 자기결정권, 인격권 제한 O
- 성도착증 환자의 동종 재범을 방지하기 위한 것. 의사의 진단과 처방 및 가 해제제도가 있는 등 침해의 최소성과 법익의 균형성 충족 O.
- 그러나 피치료자에게 장기형이 선고된 경우 치료명령의 선고 시점과 집행 시점 사이

에 상당한 시간적 간극이 존재함. 침해의 최소성과 법익의 균형성 위반. 신체의 자유 침해.

078 [2017헌바157] 병에 대한 징계영창사건 [위헌]

- 군의 지휘명령체계의 확립과 전투력 제고를 목적으로 함 / 그러나 영창처분 집행시 복무기간 불산입이라는 신분상 불이익 외에 외부로부터 고립된 장소에 감금하는 것을 통한 신체의 자유 박탈까지 그 내용으로 하여 징계의 한계 초과. 신체의 자유 침해.

079 [2002헌마193] 군사법경찰관의 구속기간의 연장을 허용하는 군사법원법 사건 [위헌]

- 군사법원법의 적용대상이 되는 모든 범죄에 대하여 군사법경찰의 구속기간 연장을 허용하는 것은 신체의 자유 및 신속한 재판을 받을 권리 침해.
- 법률의 위임 없이 미결수용자의 면회횟수를 매주 2회로 제한하고 있는 시행령규정은 미결수용자와 그 가족의 접견교통권 침해.

080 [2013헌바129] 외국에서 형의 집행을 받은 자에 대한 임의적 감면조항 사건 [헌법불합치]

- 이중처벌금지원칙 위반 ✘ [외국의 형사판결은 원칙적으로 우리 법원을 기속 ✘]
- 외국에서의 형을 필요적으로 감면하거나 산입하는 등 신체의 자유를 덜 침해할 수 있음에도 불구하고 형 집행을 전혀 반영하지 않을 수 있도록 한 것은 과잉금지원칙 위반하여 신체의 자유 침해.

081 [99헌가7] 상소제기기간 등을 미결구금일수에 산입하지 않는 형소법 규정 사건 [헌법불합치]

- 원칙적으로 미결구금기간 전부는 본형에 산입되어야 함. 신체의 자유 침해.

082 [2020헌가1] 강제퇴거대상자에 대한 보호기간의 상한 없는 보호사건 [헌법불합치]

- 신체의 자유를 침해하는지 여부에 대해서는 엄격한 심사기준 적용
- 과잉금지원칙 위반 ○

[외국인의 출입국과 체류를 적절하게 통제하고 조정하는 목적의 정당성, 수단의 적합성 인정됨. 그러나 보호기간의 상한을 두지 않는 것은 일시적·잠정적 강제조치로서의 한계를 벗어나는 것인 점, 단지 강제퇴거명령의 효율적 집행이라는 행정목적 때문에 기간의 제한이 없는 보호를 가능하게 하는 것은 행정의 편의성과 획일성만을 강조한 것으로 피보호자의 신체의 자유를 과도하게 제한하는 것인 점 등을 고려하면 침해의 최소성, 법익의 균형성 위반]

- 적법절차 원칙 위반 O
  [행정절차상 강제처분에 의해 신체의 자유가 제한되는 경우, 강제처분의 집행기관으로부터 독립된 중립적인 기관이 이를 통제하도록 하는 것은 적법절차원칙의 중요한 내용에 해당함. 보호의 개시 또는 연장 단계에서 그 집행기관인 출입국관리공무원으로부터 독립되고 중립적인 지위에 있는 기관이 보호의 타당성을 심사하여 이를 통제할 수 있어야 함. / 당사자에게 의견 및 자료 제출의 기회를 부여하는 것은 적법절차원칙에서 도출되는 중요한 절차적 요청임. / 그러나 심판대상조항은 위와 같은 절차가 마련되어 있지 않음.]

함께 보는 판례

- 재범의 위험성 유무를 불문하고 필요적 감호 선고를 하도록 한 사회보호법 규정은 적법절차원칙 위반.
- 무죄판결 선고 후 석방대상 피고인을 의사에 반하여 교도소로 연행하는 것은 허용 ✗.

제2절 사생활영역의 자유

083 [2005헌마1139] 4급 이상 공무원들의 병역면제사유인 질병명 공개 사건 [헌법불합치, 각하]

- 부정한 병역면탈의 방지. 그러나 인격 또는 사생활의 핵심에 관련되는 질병명과 그렇지 않은 것을 가리지 않고 무차별적으로 공개하는 것은 사생활의 비밀과 자유 침해

084 [2012헌마331] 금융감독원의 4급 이상 직원에 대하여 공직자윤리법상 재산등록의무를 부과하고 퇴직일로부터 2년간 사기업체 취직을 제한하는 공직자윤리법 사건 [기각]

- 재산등록의무조항 : 비리유혹 억제. 업무집행의 투명성 및 청렴성. 제한되는 사생활 영역은 재산관계에 한정됨. / 사생활의 비밀과 자유 및 평등권 침해 ✖
- 사기업체취업제한조항 : 특정업체로의 취업을 목적으로 재직중 특혜를 부여하거나, 재직중 취득한 기밀 이용 등 부당한 영향력 행사 방지 목적 / 직업선택의 자유 및 평등권 침해 ✖

085 [2015헌마994] 어린이집 CCTV 설치 의무 조항 등 위헌확인 사건 [기각, 각하]

가. 관련자가 아동학대관련범죄로 금고 이상의 실형이나 집행유예, 또는 벌금형이 확정되는 것을 전제로 하는 결격기간 및 자격취소 조항은 조사·소추·재판중에 있지 않은 청구인 어린이집 원장 등은 자기관련성 및 현재성 ✖

나. CCTV 설치조항
- 어린이집 설치·운영자의 직업수행의 자유, 원장을 포함한 교사 및 영유아의 사생활의 비밀과 자유, 부모의 자녀교육권 제한
- 어린이집 안전사고·아동학대 방지. 녹음기능 사용금지 등 기본권침해 최소화. 침해 ✖

다. CCTV 열람조항
- 피촬영자인 보육교사 등의 개인정보자기결정권, 원장의 직업수행의 자유 제한
- 어린이집 안전사고 내지 아동학대 적발 및 방지를 위한 것. 침해 ✖

라. 보호자 참관조항
- 원장의 직업수행의 자유 제한
- 어린이집 이용에 불안이 가중되고 있는 상황에서 어린이집 운영의 투명성을 제고하고 보호자와 어린이집 사이의 신뢰를 회복하기 위한 것. 침해 ✖

함께 보는 판례
- 구치소장이 수용자의 거실에 CCTV 설치하여 계호한 행위. 자살·자해 등 교정사고의 위험성이 높은 수용자를 효율적으로 감시하고 교정사고 방지. 수용질서 유지. 사생활의 비밀과 자유 침해 ✘

086 [2007헌마667] 변호사의 수임사건 건수 및 수임액 보고 사건 [기각]

- 영업의 자유, 평등권 침해 ✘ [탈세우려 줄이고 조세행정 전반에 대한 국민적 신뢰 확보]
- 사생활의 비밀과 자유 침해 ✘ [변호사의 강한 공공성. 건수 및 수임액은 내밀한 개인적 영역 ✘]

| 개인정보자기결정권 |

087 [2010헌마153] 접견녹음파일 제공 사건 [기각]

가. 이 사건 녹음행위
- 사생활의 비밀과 자유 침해 ✘ [증거인멸의 가능성, 추가범죄 발생 가능성 차단. 교정시설 내 안전과 질서유지 기여]

나. 이 사건 제공행위
- 과잉금지원칙 위반 ✘. 개인정보자기결정권 침해 ✘ [형사사법의 실체적 진실 발견. 적정한 수행 도모. 피청구인이 청구인의 대화내용 중 어떠한 부분이 수사, 공소제기 등에 필요한 부분인이 구분하는 것은 실질적으로 불가능]
- 영장주의 위반 ✘ [직접적으로 물리적 강제력을 행사하는 강제처분 ✘]

088 [2015헌마688] 통신매체이용음란죄 신상정보 등록 사건 [위헌]

- 개인정보자기결정권 침해 O [행위태양이 매우 다양하고, 행위유형에 따라 재범의 위험성 및 신상정보 등록 필요성은 현저히 다름]

089 [2014헌마340] 카메라등이용촬영범죄자 신상정보 등록 사건 [헌법불합치, 기각]

가. 신상정보 등록조항
- 개인정보자기결정권 침해 ✘ [성범죄 재범 억제. 성범죄자로부터 잠재적인 피해자와 지역사회 보호. 개인의 성적 자기결정권 보장]
- 평등권 침해 ✘ [일반범죄와 성범죄는 동일한 비교집단 ✘ / 모든 성범죄가 아닌 일정한 성범죄에 대하더라도 행위유형과 보호법익의 특성 고려한 것]
- 재판청구권 침해 ✘ [등록조항은 절차법적 성격 ✘]

나. 20년간 보존·관리조항
- 개인정보자기결정권 침해 ○ [형사책임 경중, 재범의 위험성 고려하지 않고 일률적으로 20년. 재범의 위험성에 따른 등록기간 조정이 바람직]

090 [99헌마513] 주민등록법 상 지문날인제도 사건 [기각]

- 개인정보자기결정권 제한 ○ / 신체의 자유침해가능성 ✘ [지문날인의무로는 신체의 안정성 저해나 신체활동의 자유 제약 ✘] / 양심의 자유 침해가능성 ✘ [윤리적 판단 표명 강제 ✘]
- 시행령 조항의 법률유보원칙 위반 ✘ [한 손가락 지문만으로 특정하여 위임한적 없음]
- 지문정보는 개인정보자기결정권을 제약하는 요소로 작용할 여지가 매우 작음
- 과잉금지원칙 위반 ✘ [신원확인기능의 효율적인 수행 도모. 신원확인의 정확성 제고]

091 [2013헌바68] 주민등록번호 변경 사건 [헌법불합치]

- 개인정보자기결정권 침해 ○ [행정사무를 신속하고 효율적으로 처리하기 위한 목적. 유출 또는 오남용으로 발생할 수 있는 피해에 대한 고려 없이 번호변경을 일률적으로 허용하지 않는 것은 그 자체로 과도한 침해]

092 [2010헌마293] 교원의 노동조합 가입정보 공개금지 사건 [기각, 각하]

- 학부모의 알권리 및 교육권 제한 / 밀접하고 침해의 정도가 큰 알권리를 중심으로 판단.
- 알권리 vs. 정보주체인 교원의 사생활의 비밀과 자유 및 개인정보자기결정권 충돌. 상충하는 기본권 모두 최대한 효력 발휘할 수 있도록 조화로운 방법 모색되어야 함.
- 법률조항과 시행령조항의 알권리 침해 ✘ [교원의 개인정보 보호 목적. 노조가입·탈퇴에 관한 정보는 '민감정보']

093 [2011헌마28] 디엔에이감식시료의 채취 및 디엔에이신원확인정보 수집·이용 관련조항 사건 [기각, 각하]

- 디엔에이감식시료 채취조항 : 신체의 자유 침해 ✖ [채취방법은 구강점막 또는 모발채취 방법. 채취대상자의 신체나 명예 침해 최소화] / 평등권 침해 ✖ [재범위험성 높은 범죄]
- 채취대상자가 동의하는 경우 영장 없이 채취할 수 있도록 하는 조항 : 영장주의와 적법절차원칙 위반 ✖. 신체의 자유 침해 ✖.
- 채취대상자가 사망할때까지 데이터베이스에 수록, 관리할 수 있도록 한 조항 : 개인정보자기결정권 침해 ✖ [생존하는 동안 재범의 가능성이 있으므로 사망할때까지 관리 필요. 디엔에이 신원확인정보는 민감한 정보 ✖]
- 형이 확정되어 수용중인 사람에게도 적용하는 부칙조항 : 형벌불소급원칙 적용 ✖ [비형벌적 보안처분] / 신체의 자유 및 개인정보자기결정권 침해 ✖ [수용중인 사람에 대하여만 소급적용] / 평등권 침해 ✖

094 [2013헌마517] 인터넷게임 관련 본인인증제 위헌확인 사건 [기각]

- 일반적 행동 자유권 제한 ○. 개인정보자기결정권 제한 ○. 표현의 자유 및 사생활의 비밀과 자유 제한 ✖.
- 본인인증조항의 일반적 행동의 자유 및 개인정보자기결정권 침해 ✖ [인터넷게임 과몰입 내지 중독 예방 목적. 1회 본인인증절차가 중대한 장벽이나 제한 아님]
- 청소년 회원가입시 법정대리인 동의 확보 조항의 청소년의 일반적 행동의 자유 침해 ✖

095 [2018헌마77] 변호사시험 합격자 명단 공고 사건 [기각]

- 개인정보자기결정권 침해 ✖ [공공성을 지닌 전문적인 변호사에 관한 정보를 널리 공개하여 법률서비스 수요자가 필요한 정보를 얻는 데 도움을 주고, 변호사시험 관리 업무의 공정성과 투명성을 간접적으로 담보]

096 [2014헌마368] 국민건강보험공단의 서울용산경찰서장에 대한 요양급여내역 제공행위 위헌확인 사건 [인용(위헌확인), 각하]

- 가. 사실조회 행위만으로는 청구인의 법적 지위에 변화 ✖. 국민건강보험공단의 자발적 협조가 있어야만 비로소 제한. ➡ 공권력 행사 ✖
- 나. 사실조회조항은 사실조회 권한을 부여할 뿐 사실조회에 응하거나 협조할 의무 ✖ ➡ 기본권 침해가능성 ✖
- 다. 정보제공조항은 재량행위. ➡ 직접성 ✖

라. 본안판단
  1) 요양급여 내역은 건강에 관한 정보로서 민감정보
  2) 정보제공행위의 개인정보자기결정권 침해 O
    - 영장주의 위반 ✖ [사실조회행위는 강제력이 개입되지 않은 임의수사]
    - 과잉금지원칙 위반 O [수사상의 이익은 없거나 미약한 정도]

097 [2015헌마924] 형제자매의 증명서 교부청구 사건 [위헌]

- 개인정보자기결정권 침해 O [형제자매는 언제나 이해관계를 같이하는 것은 아님]

098 [2018헌마927] 가족관계의 등록 등에 관한 법률 제14조 제1항 본문 부진정입법부작위 위헌확인 사건 [헌법불합치]

- 개인정보자기결정권 침해 O [가정폭력 가해자인 전 배우자라도 직계혈족으로서 그 자녀의 가족관계증명서와 기본증명서를 사실상 자유롭게 발급 받아서 거기에 기재된 가정폭력 피해자인 청구인의 개인정보를 무단으로 취득하게 되는 위헌성]

함께 보는 판례

- 교육정보시스템(NEIS)를 통한 개인정보수집의 개인정보자기결정권 침해 ✖ [민원인의 편의 도모, 행정효율성 제고]

099 [2017헌바479] 보안관찰처분대상자에 대한 신고의무 부과 사건 [헌법불합치, 합헌]

가. 출소 후 7일 이내 신고조항 및 위반 시 처벌조항
- 사생활의 비밀과 자유 및 개인정보자기결정권 침해 ✖ [보안관찰처분대상자의 불편이 크다거나 7일의 신고기간이 지나치게 짧다고 할 수 없음 / 민주주의체제의 수호와 사회질서의 유지, 국민의 생존 및 자유에 대한 중대한 영향]
- 평등원칙 위반 ✖

나. 변동이 생길때마다 7일 이내 신고조항
- 포괄위임금지원칙 위반 ✖ [위임의 필요성 O / 신고의무사항은 재범의 위험성이 있는지 판단하기 위한 정보일 것이므로 예측가능성 O]
- 사생활의 비밀과 자유 및 개인정보자기결정권 침해 O [정보에 변동이 생기기만 하면 신고의무를 부과하는데, 의무기간의 상한이 정해져 있지 아니하여 무기한의 신고의무 부담]
- 헌법불합치

주거의 자유

100 [2015헌바370] '체포영장 집행시 별도 영장 없이 타인의 주거 등을 수색할 수 있도록 한 형사소송법 조항 위헌소원 및 위헌제청 사건' [헌법불합치]

- 헌법 제16조는 영장주의 원칙만을 규정하고 있을뿐 예외 명문화 ✘ / 다만 예외를 인정하되, ① 피의자 존재 개연성 소명 + ② 사전에 영장을 발부받기 어려운 긴급한 사정이 있는 경우에만 제한적으로 허용됨.
- 긴급한 사정이 인정되지 않아 헌법 제16조 영장주의 예외 요건 벗어나 영장주의 위반 ○

101 [2008헌마430] 불법체류 외국인 강제출국 사건 [기각]

가. 적법요건
- 불법체류 중인 외국인이라 하더라도 기본권주체성 여부 달라지지 않음
- 외국인의 신체의 자유, 주거의 자유, 변호인의 조력을 받을 권리, 재판청구권 등의 주체성 ○
- 국가인권위원회의 공정한 조사를 받을 권리는 기본권 ✘ / 사안은 노동3권 제한 ✘

나. 긴급보호 및 보호명령의 집행행위
- 불법체류 외국인에 대한 보호 또는 긴급보호도 법률이 정한 요건 및 절차에 반하는 때에는 적법절차원칙에 반하여 신체의 자유 등 침해하게 됨.
- 이 사건은 보호의 대상 ○ / 긴급성 요건 갖춤 ○
- 긴급보호가 적법한 이상 주거의 자유 침해 ✘

다. 강제퇴거명령의 집행행위
- 국가인권위원회 조사 절차 진행중이라는 이유로 강제퇴거 집행정지 의무 없음. 평등권 침해 ✘
- 재판청구권 침해 ✘.

거주·이전의 자유

102 [2007헌마1366] 여권의 사용제한 등에 관한 고시 위헌확인 [기각]

- 거주이전의 자유 침해 ✘ [국민의 생명·신체 및 재산 보호 위해 해외 위난지역 사용제한]
- 종교전파의 자유는 그가 선택한 임의의 장소에서 자유롭게 행사할 수 있는 권리는 포함 ✘
- 평등권 침해 ✘ [언론보도, 기업활동 및 긴급한 인도적 활동 규정 허용하는 것은 중대한 국가적 이익에 관련되어 있는 것]

103 [2012헌바302] 형사재판 계속 중인 사람에 대한 출국금지 사건 [합헌]

- 영장주의 위반 ✘ [신체에 대한 직접적 물리적 강제력 수반하는 강제처분 ✘]
- 적법절차원칙 위반 ✘ [출국금지결정의 성질상 신속성과 밀행성 요함]
- 무죄추정의 원칙 위반 ✘ [유죄인정의 효과로서 불이익 ✘]
- 출국의 자유 침해 ✘ [형사재판 계속중인 사람의 해외도피를 막아 국가 형벌권 확보 목적]
- 공정한 재판을 받을 권리 침해 ✘ [외국에 나가 증거를 수집할 권리 포함 ✘]

| 통신의 비밀과 자유 |

104 [2009헌마333] 수용자 발송 서신 무봉함 제출 사건 [위헌, 각하]

가. 법률조항 : "금지물품이 들어있는지 확인할 수 있다"는 조항의 직접성 ✘
나. 시행령조항 : "무봉함 상태로 제출하여야 한다"의 심판청구이익 ○
- 통신비밀의 자유 침해 ○ [수용자 면전에서 금지물품 확인하거나 X-ray 검색기 등으로 확인한 후 의심이 있는 경우에만 개봉확인 등의 수단 가능]

105 [2012헌마191] 통신비밀보호법 '위치정보 추적자료' 사건 [헌법불합치, 기각, 각하]

가. 수사기관이 수사를 위하여 필요한 경우 전기통신사업자에게 통신사실확인자료의 열람이나 제출을 요청할 수 있다는 조항
- 전기통신가입자의 개인정보자기결정권, 통신의 자유 제한 ○
- 명확성원칙 위반 ✘ ['수사를 위하여 필요한 경우']
- 과잉금지원칙 위반 ○ [법원의 허가를 거치도록 규정하고 있으나 수사의 필요성만을 요건으로 하고 있어 절차적 통제가 제대로 이루어지기 어려운 점 등]
나. 통신사실 확인자료에 관한 관할 지방법원의 허가를 받아야 한다는 조항
- 영장주의 위반 ✘ [중립적인 법관의 허가를 받도록 규정함]
다. 공소를 제기하거나 불기소처분을 한 때 30일 내에 통지해야한다는 조항
- 적법절차원칙에 위반되어 개인정보자기결정권 침해 ○ [수사가 장기간 진행되거나 기소중지결정이 있는 경우 정보주체에게 통지의무 규정 ✘]

106 [2012헌마538] 통신비밀보호법 '기지국수사' 사건 [헌법불합치, 기각, 각하]

가. 기지국수사의 심판청구이익 ✘
나. 이 사건 요청조항 : 과잉금지원칙에 위반되어 개인정보자기결정권, 통신의 자유 침해 ○
다. 이 사건 허가조항 : 영장주의 위반 ✘

107 [2016헌마263] 인터넷회선 감청 위헌확인 사건 [헌법불합치, 각하]

가. 법원의 허가에 대한 판단 : 헌법소원 대상에서 제외되는 재판에 해당. 부적법.
나. 감청집행 : 법률조항의 적법요건을 인정하여 본안 판단 나아가므로, 감청집행에 대하여는 심판청구이익 인정 ✘
다. 인터넷 회선을 통하여 송수신하는 전기통신의 감청에 관한 이 사건 법률조항의 위헌성
 - 통신의 비밀과 자유 제한 ○ + 통신의 영역을 넘는 사생활의 비밀과 자유 제한 ○
 - 영장주의 판단 ✘ [법원에 의한 사후통제까지 마련되어야 함을 의미 ✘]
 - 과잉금지원칙 위반 ○ [감청집행단계에서 불특정 다수인의 모든 정보가 패킷 형태로 수집되어 일단 수사기관에 그대로 전송되므로, 수사기관이 취득하는 자료가 매우 방대함. 그러나 취득하는 막대한 양의 자료의 처리 절차에 대해서 아무런 규정이 없음]

108 [2009헌바42] 통신비밀보호법상 불법취득된 타인간의 대화내용 공개 사건 [합헌]

가. 표현의 자유 침해여부
 - 대화자의 통신의 비밀과 공개자의 표현의 자유 충돌 / 조화로운 방법 모색.
 - 표현의 자유 침해 ✘ [개인간의 대화의 비밀을 확고히 보호하기 위한 것]
나. 형벌과 책임의 비례원칙 위반 ✘
다. 평등원칙 위반 ✘ [형법상 명예훼손행위와의 비교대상으로 삼을 만한 동일성 ✘]

제3절 정신생활영역의 자유

| 양심의 자유 |

109 [98헌마425] **준법서약제도 사건** [기각]

- 준법서약의 내용 : 단순한 헌법적 의무의 확인.서약에 불과. 양심의 영역 건드리지 않음.
- 준법서약의 강제방법 : 양심의 자유 침해 ✘ [수범자는 수혜를 스스로 포기하여 자신의 양심을 유지·보존 할 수 있음]
- 평등권 침해 ✘ [완화심사. 남북한 대결상황에서 불가피]

110 [89헌마160] **명예회복에 적당한 처분에 사죄광고를 포함시킨 사건** [한정위헌]

- 양심의 자유와 인격권 침해 ○

111 [2002헌가1] **양심적 병역거부 사건(2004년)** [합헌]

- 양심은 개인적 현상으로서 지극히 주관적인 것 / 사회의 도덕률에서 벗어나려는 소수의 양심 / 모든 내용의 양심상 결정이 보장됨
- 양심의 자유와 공익은 양자택일의 문제. 양심상의 결정이 법익교량과정에서 왜곡굴절된다면 더 이상 양심이 아님

112 [2011헌바379] **양심적 병역거부 사건** [헌법불합치, 합헌]

- 부진정입법부작위 / 병역종류조항과 처벌조항의 재판의 전제성 인정 [법원의 무죄를 선고할 가능성]
- 양심적 병역거부를 주장하는 사람은 자신의 '양심'을 외부로 표명하여 증명할 최소한의 의무를 짐
- 제한되는 기본권 : 부작위에 의한 양심의 자유, 종교의 자유 / 양심의 자유를 중심으로 판단
- 심사기준 : 헌법상 비례원칙

- 병역종류조항의 과잉금지원칙 위반 O [양심적 병역거부자의 수는 병역자원의 감소를 논할 정도가 아니고, 이들을 처벌하더라도 교도소에 수감할 수 있을 뿐 병역자원으로 활용 불가]
- 처벌조항의 과잉금지원칙 위반 ✗

113 [2006헌마1401] 연말정산 간소화를 위한 의료비 내역 정보 제출 의무 사건 [기각]

- 의사(직접적인 수범자) 및 근로소득자(제3자이지만 개인정보자기결정권 제한) 자기관련성 인정 O
- 양심의 자유 보호범위 포함 O [환자와의 묵시적 약속. 의사로서의 윤리적, 도덕적 가치에 반하는 것으로서 심한 양심적 갈등을 겪음]
- 양심의 자유 침해 ✗ [근로소득자들의 연말정산 간소화라는 공익 / 제출되는 정보는 민감정보가 아니고 소득세 공제액을 산정하기 위한 필요최소한의 내용]
- 개인정보자기결정권 침해 ✗ [근로소득자의 연말정산을 위한 자료 제출 불편 해소, 부당한 소득공제 방지]

| 종교의 자유 |

114 [2009헌마527] 미결수용자의 종교행사 등에의 참석 금지 사건 [인용(위헌확인)]

- 종교적 집회.결사의 자유 침해 O [공범이 없는 경우, 공범이 있는 경우에도 분리하여 참석을 허용하거나 시간을 달리하여 운영하는 등의 방법 가능]

115 [2019헌마941] 육군훈련소 내 종교행사 참석 강제 사건 [인용(위헌확인)]

- 육군훈련소장이 2019. 6. 2. 청구인들에 대하여 육군훈련소 내 종교 시설에서 개최되는 개신교, 불교, 천주교, 원불교 종교행사 중 하나에 참석하도록 한 행위는 청구인들의 종교의 자유 침해 O
- 신앙을 가지지 않을 자유와 종교적 집회에 참석하지 않을 자유를 제한.
- 정교분리원칙 위반 O [국가가 특정한 종교를 장려하는 것은 다른 종교 또는 무종교의 자유에 대한 침해가 될 수 있음. / 이 사건 조치는 위 4개 종교를 승인하고 장려한 것으로, 국가의 종교에 대한 중립성을 위반하여 특정 종교를 우대하는 것]
- 과잉금지 원칙 위반 O [오히려 해당 종교와 군 생활에 대한 반감이나 불쾌감을 유발하여 역효과를 일으킬 소지도 큼. 수단의 적합성 ✗]

116 [2000헌마159] 사법시험 제1차시험의 시행일자를 일요일로 정하여 공고한 사건 [기각]

- 공고의 공권력 행사성 인정 ○ [구체적인 시험일정과 장소가 공고에 따라 비로소 확정]
- 종교의 자유 및 평등권 침해 ✘ [평일 시험의 경우 결근, 결석을 하여야 하고 시험관리에도 상당한 지장이 있음]

117 [2006다87903] 군종장교의 종교적 표현의 자유 및 종교적 비판

- 공군참모총장이 군종장교로 하여금 교계에 널리 알려진 특정 종교에 대한 비판적 정보를 담은 책자를 발행, 배포하게 한 행위가 정교분리의 원칙에 위반하는 위법한 직무집행에 해당하지 않는다고 한 사례

| 언론·출판의 자유 |

118 [2003헌가3] 의료광고 금지규정 사건 [위헌]

- 광고물도 언론·출판의 자유에 의한 보호를 받는 대상이 됨 / 상업광고는 인격발현과 개성신장에 미치는 효과가 중대하지 않으므로 비례의 원칙 심사에 있어서 완화심사
- 표현의 자유 내지 직업수행의 자유 침해 ○ [객관적인 사실에 기인한 광고라면 소비자의 합리적 선택에 도움을 주고 의료인들 간에 공정 경쟁을 촉진하므로 오히려 공익을 증진시킬 수 있음. 그럼에도 소비자를 중요한 특정 의료정보로부터 차단시킴으로써 정보의 효율적 유통을 방해하는 것]

119 [2001헌마894] 청소년유해매체물의 표시방법 사건 [기각, 각하]

- 청소년유해매체물도 의사표현의 매개체에 해당.
- 표현의 자유 침해 ✘ [차단소프트웨어를 통한 청소년의 보호를 위한 것]

120 [2006헌바109] 정보통신망을 통한 음란표현 형사처벌 사건 [합헌, 각하]

- 음란표현도 표현의 자유의 보호영역에 해당. [보호영역에 해당하지 않는다고 해석할 경우 언론·출판의 자유의 제한에 대한 헌법상의 기본원칙 등에 입각한 합헌성 심사를 하지 못하게 되어 결국 음란표현에 대한 최소한의 헌법상 보호마저도 부인하게 될 위험성이 농후하게 됨]
- '음란'개념의 명확성원칙 위반 ✘
- 과잉금지원칙 위반 ✘ 표현의 자유 침해 ✘ [사회일반의 건전한 성적 풍속 내지 성도덕 보호]

121 [2010헌마47] 인터넷게시판 본인확인제의 위헌 여부 사건 [위헌]

- 게시판 이용자의 익명표현의 자유 제한 / 정보통신서비스 제공자의 언론의 자유 및 직업수행의 자유 제한하지만, 가장 밀접하고 침해의 정도가 큰 주된 기본권은 언론의 자유 / 게시판 이용자의 개인정보자기결정권 제한
- 과잉금지원칙 위반 O [인터넷상 언어폭력, 명예훼손, 불법정보 유통 방지 목적 / 인터넷의 특성을 고려하지 아니한 채 본인확인제의 적용범위를 광범위하게 정하여 법집행자에게 자의적인 집행의 여지 부여]

122 [2018헌마456] 선거운동기간 중 인터넷게시판 실명확인 사건 [위헌]

- '인터넷 언론사', '지지.반대'의 명확성 원칙 위반 ✗
- 익명표현의 자유, 언론의 자유(+직업의 자유), 개인정보자기결정권 제한
- 과잉금지원칙 위반 O [정치적 의사표현이 가장 긴요한 선거운동기간 중 익명표현의 제한]

123 [2015헌마1206] 인터넷신문의 고용 요건을 규정한 신문법 시행령 등 위헌확인 사건 [위헌, 기각, 각하]

- 5명 이상 고용조항과 확인조항. 언론의 자유를 제한(+직업수행의 자유보다는 언론의 자유가 보다 직접적으로 제한)
- 과잉금지원칙 위반 O [인터넷신문의 언론으로서의 신뢰성 및 사회적 책임 제고. 상시고용 인원 명확히 확인 / 인터넷 신문에 대한 자율성 최대한 보장이 바람직. 부정확한 보도 규제에 관한 다른 덜 제약적인 방법 존재 / 언론의 신뢰성과 사회적 책임의 제고라는 측면에서 종이신문과 인터넷 신문이 달리 취급되어야 할 아무런 이유 없음]

124 [2017헌마1356] 서울특별시 학생인권조례 사건 [기각, 각하]

- 표현의 자유 침해 ✗
- 법률유보원칙 위반 ✗
- 과잉금지원칙 위반 ✗ [차별, 혐오표현에 의한 인권침해가 가지는 해악]

125 [99헌마480] 공공의 안녕질서 또는 미풍양속을 해하는 내용의 통신금지 사건 [위헌, 각하]

- 명확성원칙 위반 O ["공공의 안녕질서 또는 미풍양속을 해하는"이라는 불온통신의 개념이 너무 불명확]
- 과잉금지원칙 위반 O [불온통신 개념의 모호성, 추상성, 포괄성으로 말미암아 필연적으로 규제되지 않아야 할 표현까지 다함께 규제됨]
- 포괄위임금지원칙 위반 O [대통령령에 규정될 불온통신의 내용 및 범위를 예측할 수 없음]

126 [2008헌바157] 공익을 해할 목적의 허위의 통신 금지(미네르바) 사건 [위헌]

- 죄형법정주의의 명확성원칙 위반 O [어떠한 표현행위가 공익을 해하는 것인지 아닌지에 관한 판단은 사람마다의 가치관, 윤리관에 따라 크게 달라질 수 밖에 없음]

127 [2009헌마747] '쥐코' 동영상 대통령 명예훼손 사건 [인용(취소)]

- 명예훼손적 표현의 피해자가 공적인물인지 사인인지, 공적 관심사안인지 사적 영역인지에 따라 심사기준에는 차이가 있어야 함
- 공직자의 자질, 도덕성, 청렴성에 관한 사실은 순수한 사생활의 영역에 있다고 보기 어렵고, 이에 대한 문제제기 내지 비판은 허용되어야 함.

128 [2017헌마1113] 사실 적시 명예훼손죄에 관한 위헌확인 등 사건 [기각]

- 헌법 제21조 제4항은 언론출판의 자유에 대한 제한의 요건을 명시한 규정일 뿐 보호영역에 대한 한계를 설정한 것이 아님.
- 표현의 자유 침해 ✗ [개인의 명예, 인격권 보호. 진실에 부합하더라도 개인이 숨기고 싶은 병력, 성적지향, 가정사 등 사생활의 비밀 침해 방지]

| 검열금지 |

129 [2014헌마360] 선거여론조사 실시 신고제도 위헌확인 사건 [기각]

- 시·군·구를 보급지역으로 하는 신문사업자 및 일일 평균 이용자 수 10만 명 미만인 인터넷언론사가 선거일 전 180일부터 선거일의 투표마감시각까지 선거여론조사를 실시하려면 여론조사의 주요 사항을 사전에 관할 선거관리위원회에 신고하도록 한 공직선거법조항
- 가. 언론·출판의 자유 제한 O. 침해 ✗
- 사전검열 해당 ✗ [여론조사 결과의 보도나 공표행위를 규제하는 것이 아니라 여론조사의 실시행위에 대한 신고의무를 부과할 뿐]
- 과잉금지원칙 위반 ✗ [군소 언론사. 선거여론조사가 특정 후보자의 선거운동 수단으로 악용되는 것 방지. 선거여론조사의 공정성, 정확성 및 신뢰성 확보]
- 나. 평등권 침해 ✗ [군소언론사의 경우 특정한 방향으로 여론을 조작하기 상대적으로 수월, 후보자들 역시 인지도가 대체로 낮기 때문에 홍보수단으로 하고자 하는 유인도 큼]

130 [2016헌가8] 건강기능식품법상 기능성광고에 대한 사전심의 조항 위헌소원 및 위헌제청 사건 [위헌]

- 의사표현 또는 전파의 매개체는 제한이 없음. 상업광고표현도 포함됨.
- 사전검열은 표현의 자유 보호대상이면 예외없이 금지됨. 건강기능식품의 기능성광고도 사전검열금지의 대상.
- 사전검열금지의 요건 : ① 허가받기 위한 표현물 제출의무 ② 행정권이 주체가 된 사전심사절차 ③ 허가받지 않은 의사표현 금지 ④ 심사절차를 관철할 수 있는 강제수단
- 심의기관이 행정기관인지 여부는 기관의 형식이 아닌 실질에 따라 판단. / 민간심의기구가 심의를 담당하는 경우에도 행정권이 개입하여 그 사전심의에 자율성이 보장되지 않는다면 사전검열에 해당함.
- 행정제재나 형벌의 부과는 심사절차를 관철할 수 있는 강제수단에 해당
- 사안은 사전검열금지원칙 위반

131 [2000헌가9] 영상물등급위원회의 등급분류보류제도 사건 [위헌]

- 영화도 언론·출판의 자유의 보호대상이 됨.
- 등급분류보류제도는 헌법이 절대적으로 금지하는 사전검열에 해당함.

132 [2000헌바36] 방영금지가처분 사건 [합헌]

- 사전검열금지원칙 위반 ✘ [방영금지가처분은 사법부가 사법절차에 의하여 심리, 결정하는 것이므로 헌법상 금지하는 사전검열이 아님]
- 과잉금지원칙 위반 ✘ [인격권 침해에 대한 실효성 있는 구제를 위한 침해의 사전억제. 법원이 허용하는 경우에도 피보전권리와 보전의 필요성이라는 요건이 소명되어야 함]

| 알 권리 |

133 [2008헌마638] 국방부 불온서적 지정 사건 [기각, 각하]

가. 적법성에 대한 판단
1) 이 사건 법률조항 부분 - 직접성 요건 흠결
2) 이 사건 복무규율조항 부분 - 직접성, 공권력행사성 ○
3) 이 사건 지시 부분 - 국방부장관이 각 군 참모총장 및 직할 부대장에게, 육군참모총장이 육군 예하부대의 장에게 한 지시는 일방 장병을 대상으로 한것 ✘. 직접성 ✘

나. (복무규율조항) 본안에 대한 판단
1) 제한되는 기본권 - 자유권적 성격의 알 권리 제한. 알 권리의 제한은 학문·사상·양심의 자유 등 정신적 자유의 제한과 밀접하게 관련되어 있음
2) 명확성원칙 위반 ✘ - '불온', '불온도서'의 의미내용 예측가능함
3) 과잉금지원칙 위반 ✘ [군의 정신전력 보전 목적. 국가의 존립·안전이나 자유민주주의 체제를 해하거나 반국가단체를 이롭게 하는 등 군인의 정신전력을 심각하게 저해하는 내용의 도서는 군인들의 정신전력에 나쁜 영향을 미칠 가능성]
4) 법률유보원칙 위반 ✘ [군인사법 조항은 대통령에게 부여한 군통수권을 실질적으로 존중한다는 차원에서 대통령령에 위임한 것. 따라서 법률조항은 포괄위임금지원칙 준수] ➜ 따라서 시행령 조항은 법률에 근거가 있음.

134 [2011헌마769] 변호사시험 성적 비공개 사건 [위헌]

- 알 권리 중 정보공개청구권 제한 ○ (직업선택의 자유 제한 ✘. 개인정보자기결정권 제한 ✘)
- 과잉금지원칙 위반 ○ [법학전문대학원 간의 과다경쟁 및 서열화 방지 목적. / 성적 비공개로 대학의 서열화 고착화. 수단의 적절성 ✘]

제4장 자유권적 기본권   45

| 집회의 자유 |

135 [2014헌마843] 채증활동규칙 및 경찰의 집회 참가자에 대한 촬영행위 위헌확인 사건 [기각, 각하]

가. 이 사건 채증규칙(경찰청 예규)은 행정청 내부의 행정규칙. 직접성 요건 ✘
나. 이 사건 촬영행위에 대한 판단
  1) 심판이익 인정
  2) 제한되는 기본권 – 일반적 인격권, 개인정보자기결정권, 집회의 자유
  3) 과잉금지원칙 위반 ✘ [집회·시위 주최자 등의 범죄에 대한 증거를 수집하여 형사소추에 활용하기 위한 것. 촬영행위에 의하여 수집된 자료는 집시법 위반의 직접·간접 증거가 될 뿐만 아니라 양형자료가 될 수 있음]

136 [2008헌가25] 야간 옥외집회 금지 사건 [헌법불합치]

- 재판관 5인의 위헌의견 : 사전허가금지원칙 위반
- 재판관 2인의 헌법불합치의견 [법정의견]
  1) 사전허가금지위반 ✘ [본문은 시간적 제한 규정. 단서는 본문 제한을 완화시키는 규정]
  2) 과잉금지원칙 위반 ○ [낮시간이 짧은 동절기 평일의 경우 직장인이나 학생은 사실상 집회를 주최하거나 참가할 수 없게되어 집회의 자유를 실질적으로 박탈. '야간' 전부가 아닌 '심야'의 특수성으로 인한 위험성이라고도 할 수 있음]

137 [2010헌가2] 야간 시위 금지 사건 [한정위헌]

- '해가 진 후부터 같은 날 24시까지의 시위'에 적용하는 한 헌법에 위반된다.
- '집회'의 개념요건 중 공동의 목적은 '내적인 유대 관계'로 족함. / 헌법상 보호되는 집회는 '평화적', '비폭력적' 집회에 한정됨.
- 과잉금지원칙 위반 ○

138 [2013헌바322] 국회의사당 인근 옥외집회 금지 사건 [헌법불합치]

- 집회의 자유 침해 ○ [소규모 집회, 공휴일이나 휴회기 등에 행해지는 집회, 국회의 활동을 대상으로 하지 않은 집회 등에 대해 예외 인정 가능]

139 [2015헌가28] 국무총리 공관 인근 옥외집회 금지 사건 [헌법불합치]

- 집회의 자유 침해 O

140 [2018헌바137] 각급 법원 인근 옥외집회 금지 사건 [헌법불합치]

- 집회의 자유 침해 O [법원 인근 집회라 할지라도 법관의 독립을 위협하거나 재판에 영향을 미칠 염려가 없는 집회도 있음]

141 [2010헌마111] 외교기관 인근 원칙적 집회 금지 사건 [합헌]

- 과거, 헌법재판소는 외교기관 인근 집회의 전면금지조항을 위헌으로 판단하였음.
- 예외적 허용사유를 둔 이 사건 규정은 집회의 자유 침해 ✗

142 [2019헌마1417] 집회·시위를 위한 인천애뜰 잔디마당의 사용을 제한하는 인천광역시 조례 조항에 관한 헌법소원 사건 [위헌]

- 제한되는 기본권 : 잔디마당을 집회장소로 선택할 권리 (집회의 자유)
- 허가제 금지와 무관 [집회 또는 시위를 전면적·일률적으로 불허하고, '예외적 허용'의 가능성을 열어두고 있지 않음]
- 서울광장과는 소유·관리하는 주체가 다르므로 차별을 문제삼을 수 있는 비교집단이 아님.
- 법률유보원칙 위반 ✗ [조례에 대한 위임은 포괄적으로 가능. 지방자치법 등에 근거가 있음]
- 과잉금지원칙 위반 O [시청사의 안전과 기능확보. 목적의 정당성, 수단의 적합성 인정 O. 전면적·일률적 제한 대신 덜 제한적인 방법 있을 수 있음. 침해의 최소성, 법익의 균형성 위반]

143 [2007헌마712] 옥외집회신고서 반려행위 사건 [인용(위헌확인)]

- 옥외집회신고 반려행위는 기본권침해의 가능성이 있는 공권력의 행사 O
- 법률의 근거 없이 집회의 자유 침해 O [접수순위를 정하기 어렵다 하더라도 후순위로 접수된 집회의 금지 또는 제한을 통고하였어야 하지만, 시간과 장소가 중복된다는 이유로 모두 반려함]

144 [2011헌바174] 옥외집회·시위 사전신고의무 사건 [합헌]

- 사전허가금지원칙 위반 ✘ [720시간 전부터 48시간전 사전신고는 협력의무로서의 신고. 신고절차만 밟으면 일반적·원칙적으로 옥외집회 및 시위를 할 수 있도록 보장]
- 과잉금지원칙 위반 ✘ [공공의 안녕질서 보호 목적. 미신고집회라는 이유만으로 헌법의 보호범위를 벗어나 개최가 허용되지 않는 집회 내지 시위라고 단정할 수 없음. / 집시법이 요구하는 시간 내에 신고를 할 수 없는 '긴급집회'는 신고가능성이 존재하는 즉시 신고한다면 처벌할 수 없음]
- 과잉형벌 ✘

| 결사의 자유 |

145 [2015헌바62] 전화·컴퓨터통신을 이용한 농협 이사 선거운동 사건 [위헌]

가. 제한되는 기본권
1) 결사의 자유 : 농협은 기본적으로 사법인적 성격을 지니고 있으므로 결사의 자유 보장 대상 ○ / 결사의 자유는 단체활동의 자유도 포함하고 그 중에는 단체 내부 활동의 자유도 포함. 사안은 결사의 자유 제한 ○
2) 표현의 자유 제한 ○

나. 과잉금지원칙 위반 ○
- 선거가 과열되는 과정에서 선거의 공정이 해쳐지는 것을 방지하려는 목적 / 컴퓨터통신은 누구나 손쉽게 접근이 가능하고 비용이 거의 발생하지 않거나 적어도 상대적으로 매우 저렴함. 형평성, 저비용성의 측면에서 허용하더라도 불균형 내지 불공정 심화 우려 없음.

146 [2000헌가5] 상호신용금고의 임원과 과점주주에 대한 연대변제책임 사건 [한정위헌]

가. 제한되는 기본권
1) 결사의 자유 제한 ○ [사법상의 단체를 자유롭게 결성하고 운영하는 자유 제한]
2) 재산권 제한 ○ [임원과 과점주주의 재산의 감소를 가져옴. 재산 그자체도 재산권보호대상 ○]

나. 한정위헌의견 – 부실경영에 아무런 관련이 없는 임원이나 과점주주에 대해서도 연대변제책임을 부과하는 것은 과도한 제한.

학문의 자유

147 [2011헌마612] 서울대학교 법인화 위헌확인 사건 [기각, 각하]

가. 서울대 법인화에 대하여, 다른 대학 교직원, 서울대학교 재학생 및 일반시민의 기본권침해가능성 내지 자기관련성 ✘
나. 이사회와 재경위원회에 일정 비율 이상의 외부인사를 포함하는 외부인사참여조항
　⇒ 대학의 자율성 침해여부는 입법자가 입법형성의 한계를 넘는 자의적인 입법을 하였는지 여부를 판단 / 침해 ✘ [다양한 이해관계자의 참여를 통해 개방적인 의사결정 보장]
다. 총장의 간접선출 조항
　⇒ 대학에게 반드시 직접선출 방식을 보장하여야 하는 것은 아니고, 대학교원들의 합의된 방식으로 그 선출방식을 정할 수 있는 기회를 제공하면 족함.
라. 서울대 교직원의 공무원 지위 변동과 관련한 조항
　⇒ 교직원의 공무담임권 및 평등권 침해 ✘ [서울대학교가 법인이 되면서 그동안 담당한 공무가 사라져 유휴인력이 되는 반면, 법인 서울대는 담당할 교직원이 필요하게 되었으므로 수단의 적합성 인정 / 법인 서울대의 교직원 임용에 관한 선택권 부여, 임용 미희망자에 대한 다른 부처로의 전출기회 부여]

148 [2005헌마1047] 국립대학교 총장 간선제 사건 [기각]

- 대학의 자율의 주체 : 대학, 교수, 교수회 모두가 단독 혹은 중첩적으로 주체 ○
- 대학총장 후보자 선출에 참여할 권리는 대학의 자치의 본질. 헌법상 기본권 ○
- 대학의 장 후보자 선정의 방식으로 '대학의 장 임용추천위원회에서의 선정'을 규정한 교육공무원법 조항
　⇒ 대학의 자율 침해 ✘ [반드시 직접선출 방식 보장할 필요 ✘]
- 대학의 장 임기만료 후 3월 이내에 후보자를 추천하지 아니하는 경우 대학의 추천없이 대통령이 교육인적자원부장관의 제청을 받아 대학의 장을 임용하도록 한 조항
　⇒ 대학의 자율 침해 ✘ [공백상태를 해결하기 위한 적절한 수단]
- 대학의 장 후보자 선정을 직접선거의 방법으로 실시하기로 해당 대학 교원의 합의가 있는 경우 그 선거관리를 선거관리위원회에 의무적으로 위탁시키는 조항
　⇒ 대학의 자율 침해 ✘ [국가의 예산과 공무원이라는 인적조직에 의해 운용되는 국립대학에서 선거관리 공정]
- 대학의 장 임용추천위원회의 구성·운영 등에 관하여 필요한 사항을 대통령령에 정하도록 위임한 조항
　⇒ 포괄위임금지원칙 위반 ✘ [대학의 장 후보자 추천을 위한 위원회임은 목적상 명백하고, 대학 교원을 중심으로 구성될 것임을 알 수 있음]

149 [2014헌마1149] 교육부장관이 강원대학교 법학전문대학원의 2015학년도 및 2016학년도 신입생 각 1명의 모집을 정지한 행위의 위헌 여부 [인용(위헌확인), 인용(취소)]

- 국립대학의 대학의 자율권의 주체성 인정 O / 신입생 모집정지는 학생 선발에 관한 대학의 자율권 제한 O
- 법률유보원칙 위반 ✘
- 과잉금지원칙 위반 O [신입생 정원 중 2.5% 모집정지하는 것으로 큰 불이익, 최저 장학금지급률을 상회하는 장학금을 지급해옴]

제4절 경제생활영역의 자유

| 재산권 |

150 [2011헌마315] PC방 전체를 금연구역으로 지정한 국민건강증진법 사건 [기각, 각하]

- 과잉금지원칙 및 신뢰보호원칙 위반 ✘ 직업수행의 자유 침해 ✘ [비흡연자의 간접흡연 방지, 혐연권 보장, 국민건강 증진]
- 재산권 제한 ✘ [영업이익의 감소, 장래의 기대이익이나 영리획득 기회는 재산권 보호대상 ✘]

151 [97헌바10] 한약사가 아닌 약사의 한약조제 금지 사건 [합헌]

- 한약조제권은 재산권 ✘
- 직업의 자유 본질적 내용 침해 ✘ [한약조제권 상실한다 하더라도 어느 정도 소득의 감소만 초래할 뿐 본래적인 약사 직업의 주된 활동을 위축시키거나 현저한 장애를 가하지 않음]
- 신뢰보호원칙 위반 ✘

152 [2015헌바182] 국민연금법 분할연금 사건 [헌법불합치]

- 별거나 가출 등으로 실질적인 혼인관계가 존재하지 아니하여 연금형성에 기여가 없는 이혼배우자에 대해서까지 법률혼 기간을 기준으로 분할연금 수급권을 인정하는 조항. 재산권 침해 O

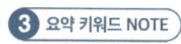

153 [94헌바19] 근로자의 퇴직금 전액에 대하여 우선변제수령권을 인정하는 사건 [헌법불합치]

- 그 질권이나 저당권의 본질적 내용을 이루는 우선변제수령권이 형해화되게 됨. 질권이나 저당권의 본질적 내용 침해 소지. 과잉금지원칙에도 위반됨.

154 [2019헌바161] 지방의회의원에 대한 퇴직연금의 지급을 정지하는 공무원연금법 조항에 관한 위헌소원 사건 [헌법불합치]

- 공무원연금법상 퇴직연금수급권은 재산권 O
- 목적의 정당성, 수단의 적합성 O [악화된 연금재정을 개선하여 공무원연금제도의 건실한 유지·존속을 도모, 연금과 보수의 이중수혜를 방지하기 위한것]
- 침해의 최소성, 법익의 균형성 ✕ [퇴직공무원의 적정한 생계보장이라는 공무원연금제도의 취지에 비추어, 연금 지급을 정지하기 위해서는 '연금을 대체할 만한 소득'이 전제되어야 함 / 구법조항과 같이 소득수준을 고려하지 않으면 재취업 유인을 제공하지 못하여 정책 목적 달성에 실패할 가능성도 큼]

155 [89헌마214] 개발제한구역지정 사건 [헌법불합치]

- 재산권 행사의 대상이 되는 객체가 지닌 사회적인 연관성과 사회적 기능이 크면 클수록 입법자에 의한 보다 광범위한 제한이 정당화됨 / 그렇다 하더라도 비례의 원칙을 준수하고 재산권의 본질적 내용인 사용·수익권과 처분권을 부인해서는 안됨
- 개발제한구역 지정 관련규정은 토지재산권에 관한 권리와 의무를 일반추상적으로 확정하여 재산권의 내용과 한계를 제한하는 사회적 제약을 구체화한 규정
- 구역지정 후 토지를 종래의 목적으로 사용할 수 있는 원칙적인 경우 : 합헌 [개발가능성의 소멸과 그에 따른 지가의 하락이나 지가상승률의 상대적 감소는 토지소유자가 감수해야하는 사회적 제약의 범주에 속함]
- 구역지정 후 토지를 종래의 목적으로도 사용할 수 없거나 또는 토지를 전혀 이용할 수 있는 방법이 없는 예외적인 경우 : 위헌
  ⇒ [사회적 제약의 한계를 넘음. (나대지 또는 사정변경으로 인한 용도의 폐지) 아무런 보상 없이 감수하도록 하는 한 비례의 원칙 위반. 그러나 반드시 금전보상만을 해야하는 것은 아님]
  ⇒ 평등원칙에도 위반됨.
  ⇒ 청구인들은 보상입법을 기다려 그에 따른 권리행사를 할 수 있음은 별론으로 하고, 이 사건 결정에 근거하여 토지재산권 제한 그 자체의 효력을 다투거나 자신들의 행위의 정당성을 주장할 수는 없음.

156 [94헌바37] 택지소유상한에 관한 법률 사건

가. 택지소유상한제도의 법적성격
- 해당 규정은 토지재산권에 관한 권리와 의무를 일반추상적으로 확정함으로써 재산권의 내용과 한계를 형성하는 규정.

나. 택지소유 상한을 설정한 것의 위헌성
1) 법 시행 이후 택지를 소유하려는 경우 : 위헌 [소유목적이나 택지의 기능에 따른 예외를 전혀 인정하지 않은 채 일률적으로 소유상한 제한]
2) 법 시행 이전부터 택지를 소유하고 있는 경우 : 진정소급입법 ✘. 신뢰보호원칙 위반 O [택지소유 경위나 목적 여하에 관계 없이 일률적으로 소유상한 적용은 목적달성 위해 필요한 정도를 넘는 과도한 침해, 신뢰보호원칙 및 평등원칙 위반]

다. 처분 또는 이용·개발의무의 부과규정의 위헌성
- 경과규정의 위헌 O [법 시행 이전부터 택지를 소유하고 있는 자에게도 일률적으로 처분 또는 이용·개발의무기간을 부과하는 것은 유예기간이 상대적으로 지나치게 짧아 기존 택지소유자의 재산권을 과도하게 침해]

라. 부담금 부과규정의 위헌성
- 부과 자체는 헌법에 위반 ✘ / 연 4%~11%에 이르는 높은 부과율을 규정하면서 부과기간의 제한을 두고 있지 않기 때문에 약 10년이 지나면 부과율이 100%에 이르게 됨. 부담금 부과율의 헌법 위반 O

157 [2011헌바129] 지역균형개발법 민간개발자 고급골프장 수용 사건 [헌법불합치]

- 공익성 : 법률유보원칙에 따라 공익사업으로 실정법에 열거되어 있지 않은 사업은 공용수용 허용될 수 없음 / 1차적으로 입법자가 입법을 행할때 공공성 판단, 2차적으로 사업인정권자가 개별적·구체적으로 당해 사업에 대한 사업인정을 행할때 공공성 판단 / 기본권 일반의 제한사유인 '공공복리'보다 좁게 보는 것이 타당함.
- 고급골프장, 고급리조트와 같은 공익성이 낮은 사업에 대해서까지 공용수용이 허용될 수 있도록 하는 것은 헌법 제23조 제3항 위반 O.

158 [2008헌바166] 골프장 수용 사건 [헌법불합치, 합헌]

- 정의조항의 포괄위임금지원칙 위반 O [그 자체로 공공필성이 인정되는 교통시설이나 수도·전기·가스공급설비 등 국토계획법상의 다른 기반시설과 달리, 기반시설로서의 체육시설의 종류와 범위를 공공필요성이 인정되는 범위로 한정해 두어야 함]
- 민간기업이 수용권을 행사하는 것의 과잉금지원칙위반 ✘ 재산권 침해 ✘ [도시계획시설사업의 원활한 진행]

> **함께 보는 판례**
> – 입법적 수용의 위헌성 ✘

| 특별부담금 |

159 [2006헌바70] KBS TV수신료 사건   [합헌, 각하]

> **가. 수신료의 법적 성격**
> – 조세 ✘. 수익자부담금 ✘. 특별부담금 ○. / 조세인지 부담금인지는 법률에서 규정하고 있는 성격이 아닌 그 실질적인 내용을 결정적인 기준으로 삼아야 함.
>
> **나. 법률유보원칙 위반 ✘**
> – 수신료의 금액, 수신료 납부의무자의 범위, 수신료의 징수절차는 수신료 부과·징수의 본질적인 요소이며 따라서 입법자가 스스로 결정하여야 할 사항 → 방송법에 기본적인 내용이 규정되어 있는 이상, 징수업무를 한국방송공사가 직접 수행할 것인지 제3자에게 위탁할 것인지 등은 본질적인 사항 ✘.
>
> **다. 포괄위임금지원칙 위반 ✘**
> – 등록면제 또는 수신료 감면에 관한 규정은 수익적 규정. 위임입법의 구체성·명확성의 정도는 상대적으로 완화될 수 있는 것.
>
> **라. 재산권 침해 ✘**
> 1) 목적의 정당성 : 공영방송의 재원을 안정적으로 확보
> 2) 방법의 적절성 : 부담금은 조세에 대한 관계에서 어디까지나 예외적으로만 인정되어야 하며, 국가의 일반적 과제를 수행하는데 부담금의 형식을 남용해서는 안됨
>   – 공영방송이라는 특정사업 / 직·간접적인 수혜자인 수상기 소지자 / 특별히 밀접한 관련성 ○ / 입법자에 의한 지속적인 심사.
> 3) 피해의 최소성 : 현재 2,500원, 연간 3만원에 불과.
> 4) 법익의 균형성 위반 ✘.
>
> **마. 평등원칙 위반 ✘** – 부담금의 문제는 자의금지원칙에 의한 심사의 대상 / 컴퓨터, DMB등은 방송수신이 부가적인 기능일뿐이므로 차별취급에 합리적 이유 있음.

> **함께 보는 판례**
> – TV수신료 금액에 대하여 국회가 스스로 결정하거나 결정에 관여함이 없이 한국방송공사로 하여금 결정하도록 한 규정 : 법률유보원칙 위반 ○

160 [2002헌가2] 문예진흥기금 사건 [위헌]

가. 재판관 4인의 위헌의견
1) 문예진흥기금 납입금의 법적 성격 : 재정충당 특별부담금 / 재정충달목적 특별부담금은 반대급부 없는 강제적인 징수인 면에서 조세와 공통점을 가지면서도 헌법상 명시적인 통제장치 결여.
2) 특별부담금의 헌법적 허용한계 : (1) 특수한 공적과제, (2) 특별히 밀접한 관련성(① 집단의 동질성 ② 객관적 근접성 ③ 집단적 책임성 ④ 집단적 효용성), (3) 입법자의 지속적인 심사
3) 문예진흥기금납입의 위헌성 - 연간 5,700만명 특별한 집단 ✖ / 우연히 관람기회 갖는 자들의 객관적 근접성 ✖ / 특별한 책임 ✖ / 공연관람자 등의 집단적 이익을 위해 사용하는 것도 아님.

나. 재판관 4인의 위헌의견
- 포괄위임금지원칙 위반 ✖. 대통령령에 규정될 내용의 대강을 예측할 수 없음.

161 [2017헌가21] 국민체육진흥법상 '회원제로 운영하는 골프장 시설의 입장료에 대한 부가금' 조항에 관한 위헌제청 사건 [위헌]

가. 골프장 시설의 입장료에 대한 부가금의 성격 : 재정조달목적 부담금 [국민체육진흥계정의 재원 마련 목적]
나. 재정조달목적 부담금의 헌법적 정당화 요건 : 특.밀.지. 동.근.책.효
다. 평등원칙 위반 ○
1) 차별취급의 존재 : 골프장 부가금 징수대상 체육시설을 이용하지 않는 국민과 차별
2) 심사기준 : 부담금 문제는 합리성의 문제로 자의금지원칙에 의한 심사대상
3) 판 단 : 국민체육의 진흥은 특별한 공적과제 ✖ / 골프장 부가금 납부의무자의 특별히 밀접한 관련성 ✖ [동질적인 집단 ✖ / 객관적으로 밀접한 관련성 ✖ / 집단적 책임성 및 효용성 ✖]

162 [2002헌바42] 먹는샘물 수입판매업자에 대한 수질개선부담금 사건 [합헌]

가. 정책실현목적 부담금의 헌법적 정당화 요건
- 재정조달목적 부담금의 정당화 여부를 논함에 있어서 고려되었던 사정들 중 일부는 똑같이 적용될 수는 없음
- 부담금도 합리적 이유가 있으면 형평성에 반하지 않음

- 부담금의 부과가 정당한 사회적·경제적 정책목적을 실현하는 데 적절한 수단이라는 사실이 곧 합리적 이유를 구성할 여지가 많음. / 따라서 '특별한 재정 책임 여부' 내지 '납부의무자 집단에 대한 부담금의 유용한 사용 여부' 등은 정책실현목적 부담금의 헌법적 정당화에 있어서는 그다지 결정적인 의미를 가지지 않음.
- 부담금을 부과함에 있어서도 평등원칙이나 비례원칙과 같은 기본권제한입법의 한계가 준수되어야 함.

나. 수질개선부담금

1) 법적성격 : 정책실현목적 특별부담금 [수돗물 우선정책]
2) 부담금 부과가 정당한 사회적·경제적 정책목적을 실현하는 데 적절한 수단인지 여부를 살펴보는 것으로 충분하고, 그 외에 일반국민에 비해 특별한 재정책임이 인정되는지 여부 혹은 집단이익을 위하여 사용되는지 여부 등은 살펴볼 필요가 없음.

다. 평등원칙 위반 ✘ [수돗물 우선 정책. 자원배분의 효율성. 먹는샘물의 보급 및 소비 억제]

라. 비례원칙 위반 ✘ [먹는샘물 수입판매업자의 직업의 자유와 재산권 제한 ○. 국민의 행복추구권 제한 ○ / 수돗물 우선정책. 국민이 질 좋은 수돗물을 저렴하게 공급받을 수 있도록]

| 직업의 자유 |

163 [2013헌가2] 성매매처벌법 사건 [합헌]

- 성적 자기결정권, 사생활의 비밀과 자유, 성판매자의 직업선택의 자유 제한 ○ [성매매도 생활의 기본적 수요를 충족하기 위한 소득활동에 해당함]
- 과잉금지원칙 위반 ✘ [인간의 성 상품화. 그 자체로 폭력적, 착취적 성격을 가진 것으로 경제적 대가를 매개로 함 / 건전한 성풍속 및 성도덕 확립 / 성판매자도 형사처벌의 대상에 포함시킬 필요성이 인정됨]
- 평등권 침해 ✘ [불특정인을 상대로한 성판매의 사회적 유해성이 훨씬 큼]

164 [2006헌마352] 한국방송광고공사와 이로부터 출자를 받은 회사가 아니면 지상파방송사업자에 대해 방송광고 판매대행을 할 수 없도록 한 사건 [헌법불합치]

- 직업수행의 자유 침해 ○ [직업수행의 자유를 형해화시키는 경우에는 엄격한 심사기준 적용 / 제한적 경쟁체제 도입 목적 / 한국방송광고공사가 지상파 방송광고 판매대행을 할 수 있도록 출자를 한 회사는 한 곳도 없음. 독점체제 유지]
- 평등권 침해 ○ [직업수행의 자유에 대한 중대한 제한 초래. 엄격한 비례심사 / 차별목적과 수단 사이에 비례성 상실]

165 [2003헌가1] 학교정화구역 내 극장시설금지 사건 [위헌, 헌법불합치]

가. 문화국가원리
- 불편부당의 원칙. 오늘날 문화정책은 그 초점이 문화 그 자체가 아닌 문화풍토 조성에 두어야 함 / 모든 문화가 정책적인 배려의 대상

나. 제한되는 기본권
- 극장영업을 하고자 하는 자의 직업의 자유(+ 표현의 자유, 예술의 자유), 학생들의 문화향유에 관한 행복추구권 제한.

다. 직업수행의 자유 침해 O
- 학생들의 유해환경 방지. 평온하고 건강한 환경 마련. 변별력과 의지력이 미약한 청소년 학생을 보호하여 궁극적으로 학교교육의 능률화를 기하기 위한 취지.
- 대학 인근 : 대학생의 신체적·정신적 성숙성에 비추어볼때 대학생이 영화의 오락성에 탐닉하여 학습을 소홀히 할 가능성이 적음. [단순위헌]
- 유치원, 초등학교, 중학교, 고등학교 인근 : 순수예술이나 아동·청소년을 위한 전용 공연장 등 오히려 학생들의 문화적 성장을 위하여 유익한 시설로서의 성격을 가지고 있는 것까지 일률적으로 금지하고 있는 조항의 위헌성. [헌법불합치]

라. 예술의 자유, 표현의 자유 침해 O

마. 대학생 및 초·중·고등학교 학생의 행복추구권 침해 O

166 [94헌마196] 학교환경위생정화구역 내 당구장시설 금지 사건 [위헌]

- 대학 인근 [위헌] - 성인이 당구장을 어떻게 활용할 것인지는 자율적 판단과 책임에 맡길 일.
- 유치원 인근 [위헌] - 유치원생이 학습을 소홀히 하거나 교육적으로 나쁜 영향을 받을 위험성이 있다고 보기 어려움
- 초등학교, 중학교, 고등학교 [합헌] - 유해환경으로부터 나쁜 영향을 받을 위험성이 큼

167 [2008헌가2] 학교정화구역 내 납골시설금지 사건 [합헌]

- 종교단체의 종교의 자유 제한, 조상이나 가족을 위하여 설치하는 경우 행복추구권 제한, 납골시설의 설치·운영을 직업으로 하고자 하는 자의 직업의 자유 제한
- 합헌 O [사망한 사람의 시신이나 무덤을 경원하고 기피하는 풍토와 정서]

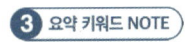

168 [96헌마246] **치과전문의자격시험제도 미실시 사건** [인용(위헌확인), 각하]

- 진정입법부작위의 청구기간 제한 ✘
- 행정입법의 작위의무 : ① 헌법상 작위의무, ② 상당한 기간, ③ 불행사
- 삼권분립의 원칙, 법치행정의 원칙에 따라 행정법법 등 법집행의무는 헌법적 의무.
- 침해되는 기본권 : 직업의 자유, 행복추구권, 평등권 침해 ○ / 학문의 자유, 재산권, 보건권 침해 ✘

169 [2013헌마799] **전문과목을 표시한 치과의원의 진료범위 제한 규정 위헌확인 사건** [위헌]

가. 직업수행의 자유 침해 ○
1) 신뢰보호원칙 위반 ✘ [국민이 가지는 모든 기대 내지 신뢰가 절대적인 권리로 보호되는 것은 아님. 법적 상황을 청구인들이 미리 일정한 방향으로 예측 내지 기대한 것에 불과]
2) 명확성원칙 위반 ✘
3) 과잉금지원칙 위반 ○ [전문과목을 표시하는 경우 진료범위를 제한하여 현실적으로 전문과목의 표시를 매우 어렵게 함. 전문의 제도를 유명무실하게 만들 위험]

나. 평등권 침해 ○
- 의사전문의, 한의사전문의와 달리 치과전문의의 경우에만 전문과목의 표시를 이유로 진료범위를 제한하는 것은 합리적인 근거를 찾기 어려움.

170 [2000헌바84] **법인의 약국 개설금지 사건** [헌법불합치]

가. 재판관 5인의 헌법불합치 의견
- 직업선택의 자유 침해 ○ [법인의 주체성 ○. 국민의 보건을 위해서 약국에서 실제로 약을 취급하고 한매하는 사람은 반드시 약사이어야 한다는 제한을 둘 필요가 있을 뿐, 약국의 개설 및 운영 자체를 자연인 약사에게만 허용할 합리적 이유는 없음]
- 평등권 침해 ○ [직업수행의 자유는 공익을 위하여 상대적으로 넓은 규제 가능. 차별취급의 합리성 여부 심사 / 의약품제조업자, 다른 전문직 등과의 차별취급에 합리적 이유 없음]
- 결사의 자유 침해 ○ [영리단체도 결사 ○]

나. 재판관 2인의 단순위헌 의견(생략)

171 [2015헌가19] **세무사 자격 보유 변호사의 세무대리 금지사건** [헌법불합치]

- 직업선택의 자유 침해 ○ [세무대리의 전문성 확보, 부실 세무대리 방지 목적 / 법률전문직인 변호사에게 오히려 그 전문성과 능력이 인정되므로 수단의 적합성 ✘]

172 [2013헌마585] 성범죄 의료인 취업제한 사건 [위헌, 기각]

- 명확성 원칙 위반 ✕ ["성인대상 성범죄"는 성인이 연루되어 있는 사회의 건전한 성풍속을 침해하는 위법행위]
- 주관적 요건에 의한 좁은 의미의 직업선택의 자유 침해 ○ [엄격한 심사. 의료기관의 윤리성과 신뢰성 확보. 성범죄 전력만으로 그가 장래에 동일한 유형의 범죄를 다시 저지를 것을 당연시하고, 10년이 경과하기 전에는 결코 재범의 위험성이 소멸하지 않는다고 보며, 행위의 죄질에 따른 상이한 제재의 필요성 간과. 일률적 취업제한의 최소침해성 위반]
- 평등권 침해 ✕ [성범죄와 그 밖의 범죄를 동일한 집단으로 볼 수 없음]

173 [2016헌바77] 대형마트 영업 제한 사건 [합헌]

가. 명확성원칙 위반 ✕ [영업규제 필요에 따라 영업시간 제한과 의무휴업일 지정 중 한가지 방법만을 사용하거나 두가지 방법 모두를 사용할 수 있도록 한 것]
나. 직업수행의 자유 침해 ✕ [헌법 제119조에 규정된 경제질서 조항의 의미를 충분히 고려해야함 / 건전한 유통질서 확립. 대형마트 등과 중소유통업의 상생발전을 도모. 근로자의 건강권 보호 / 소비자의 이용빈도가 비교적 낮은 심야시간 및 아침시간에 국한하여 영업시간을 제한. 의무휴업일 지정도 매월 이틀을 공휴일 중에서 지정]
다. 평등원칙 위반 ✕ [하나로마트와의 차별취급 존재 / 농수산물의 특성과 농어업에 대한 국가의 보호의무 등 고려]

174 [2011헌마659] 심야시간대 청소년의 인터넷게임 이용금지 강제적 셧다운제 사건 [기각, 각하]

가. 죄형법정주의 명확성원칙 위반 ✕ ['인터넷게임' '인터넷게임의 제공자']
나. 제한되는 기본권 - 16세 미만 청소년의 일반적 행동자유권, 학부모의 자녀교육권, 인터넷게임 제공자들의 직업수행의 자유, 인터넷게임과 다른 게임 및 모바일기기 등 평등권
다. 과잉금지원칙 위반 ✕ [청소년의 적절한 수면시간 확보. 청소년의 인터넷게임 과몰입 또는 중독현상 방지. 청소년의 건전한 성장과 발달에 기여. 인터넷게임 중독 예방 / 시간적 규제가 과도하지 않음]
라. 평등권 침해 ✕ [인터넷 게임은 다른 게임에 비해 중독성이 강한 편 / 해외게임업체에도 강제적 셧다운제 적용]

175 [92헌마264] 부천시·강남구 담배자동판매기 설치금지조례 사건 [기각]

- 조례의 헌법소원심판청구 대상성 O
- 법률의 위임 관련 : 자판기설치제한 조례는 주민의 권리의무에 관한 사항. 법률의 위임 필요. 다만 포괄적인 것으로 족함.
- 직업수행의 자유 침해 ✗ [비교적 넓은 규제 가능하지만 과잉금지원칙 준수하여야 함 / 자동판매기로 인한 익명성, 비노출성으로 인하여 청소년으로 하여금 심리적으로 담배구입을 용이하게 하고, 흡연유발효과도 매우 큼]
- 평등권 침해 ✗ [조례에 의한 규제가 지역의 여건이나 환경 등 특성에 따라 다르게 나타나는 것은 당연히 예상되는 불가피한 결과]

176 [2001헌마132] 백화점 셔틀버스 운행 금지 사건 [기각]

- 백화점 셔틀버스를 이용해 온 소비자들의 자기관련성 ✗ [반사적 이익에 불과]
- 백화점 등의 경영자인 청구인들의 영업의 자유 침해 ✗ [백화점의 기본적인 업태는 '상품의 판매'이지 '고객의 운송'이 아님. 무분별한 셔틀버스 운행으로 인해 공공성을 띤 여객운송사업체의 경영에 타격을 줌으로써 건전한 여객운송질서의 확립에 장애]
- 평등원칙 위반 ✗ [자의금지심사. 이용자가 직원, 학생, 교회신도 등 일정한 신분 내지 자격을 가진 사람에 국한되는 경우와는 합리적 차별 이유 존재]
- 신뢰보호원칙 위반 ✗ [법규의 미비로 인하여 누려왔던 반사적 이익에 불과]

177 [2002헌마677] 제1종 운전면허 취득요건으로 시력 0.5 이상을 요구하는 사건 [기각]

- 좁은 의미의 직업선택의 자유 침해 ✗ [교통상의 위험 방지. 국민의 생명, 신체 및 재산 보호, 안전하고 원활한 도로교통을 확보함을 입법목적]
- 직업수행의 자유 침해 ✗ [제1종 운전면허를 가진 사람을 고용하여 운전하게 할 수 있음]
- 일반적 행동자유권 침해 ✗ / 평등원칙 위반 ✗

178 [99헌바76] 요양기관 강제지정제 사건 [합헌]

가. 요양기관 강제지정제의 입법목적 : 요양급여에 필요한 의료기관 확보. 국민의 의료보험수급권 보장
나. 제한되는 기본권 : 의료기관의 직업의 자유 제한 O, 평등권 제한 O, 의료소비자의 자기결정권 제한 O, 재산권 제한 ✕, 학문의 자유 제한 ✕.
다. 직업행사의 자유 침해 ✕ [계약지정제를 취하는 경우 의료보장이라는 공익을 실현할 수 없음 / 강제지정제의 예외를 두는 경우 의료보험체계 전반이 흔들릴 위험이 있음]
라. 의료소비자의 자기결정권 침해 ✕ [진료를 받고자 하는 의료기관을 자유롭게 선택할 수 있으므로]
마. 평등권 침해 ✕

179 [2009헌마514] 이화여대 로스쿨 사건 [기각, 각하]

가. 적법요건에 대한 판단
- 인가 처분에 대하여, 제3자인 남성들의 정원에 영향. 자기관련성 O
- 학교법인 이화학당의 공권력주체 ✕. 이화학당의 모집요강의 공권력행사 ✕
나. 이 사건 인가처분에 대한 본안판단
1) 제한되는 기본권 : 변호사를 직업으로 선택하고자 하는 직업선택의 자유
2) 청구인의 직업선택의 자유와 학교법인 이화학당의 대학의 자율성 충돌
3) 과잉금지원칙 위반 ✕ [여자대학으로서의 전통 유지. 대학의 자율성 보장]

180 [2001헌마614] 경비업과 그 밖의 업종의 겸영금지를 규정한 경비업법 사건 [위헌]

- 객관적 사유에 의한 직업의 자유 제한. 월등하게 중요한 공익을 위하여 명백하고 확실한 위험을 방지하기 위한 경우에만 정당화 될 수 있음.
- 과잉금지원칙 위반 O [비전문적인 영세경비업체의 난립을 막고 전문경비업체 양성, 경비원의 자질을 높이고자 하는 정당한 목적 / 경비업체의 전문화라는 관점에서 토탈 서비스를 제공하는 것이 더 효율적. 수단의 적합성 ✕]

181 [2010헌바54] 소비자불매운동에 적용된 업무방해죄 등 위헌소원 사건 [합헌, 각하]

- '위계', '2인 이상이 공동하여', '협박' '공갈'의 의미의 명확성 원칙 위반 ✖
- 불매운동의 목표로서의 '소비자의 권익'이란 원칙적으로 사업자가 제공하는 물품이나 용역의 소비생활과 관련된 것으로서 상품의 질이나 가격, 유통구조, 안전성 등 시장적 이익에 국한됨.
- 소비자보호운동으로서의 소비자불매운동의 헌법적 허용 한계
    - 근로자의 단결권이나 단체행동권에 유사한 활동 뿐만 아니라, 하나 또는 그 이상의 소비자가 동일한 목표로 함께 의사를 합치하여 벌이는 운동이면 모두 포함.
    - 소비자불매운동은 모든 경우에 정당성 인정되는 것은 아님. 정당성이 인정되는 경우에만 형사책임이나 민사책임이 면제된다고 할 수 있음.
    - ① 객관적으로 진실한 사실을 기초로 행해질 것, ② 소비자의 의사결정의 자유가 보장될 것, ③ 폭행·협박 등 위법한 수단이 동원되지 않을 것, ④ 제3자의 영업의 자유 등 권리를 부당하게 침해하지 않을 것.

제5장 정치적 기본권

제1절 총 설

제2절 참정권

182 [2001헌마788] 선고유예를 받은 공무원의 당연퇴직 사건 [위헌]

- 공무담임권. 자의적이지 않고 평등한 기회 보장. 공무담임권의 보호영역에는 공직취임의 기회의 자의적인 배제 뿐 아니라, 공무원 신분의 부당한 박탈까지 포함됨.
- 과잉금지원칙 위반 O [직무수행에 대한 국민의 신뢰, 공무원직에 대한 신용유지, 직무의 정상적인 운영 확보, 공무원범죄 사전 예방, 공직사회의 질서유지 목적. / 그러나 금고이상의 형의 선고유예의 판결을 받은 모든 범죄를 포괄하여 규정할 것이 아니라, 범위를 가급적 한정하여 규정하였어야 함. 최소침해성 원칙 위반. 사회국가원리에 입각한 공직제도의 중요성]

183 [2007헌마1105] 5급 공채 공무원시험 응시연령 상한을 32세로 정한 공무원임용시험령 사건 [헌법불합치, 각하]

- 헌법불합치 의견 [32세가 넘으면 직무수행에 필요한 최소한도의 자격요건을 상실한다고 보기 어려움. 그리고 6급, 7급 응시연령 상한은 35세]

184 [2014헌마274] 총장후보자 지원자에게 기탁금을 납부하도록 한 총장후보자 선정규정에 관한 사건 [위헌, 각하]

- 공무담임권 침해 O [총장후보자 지원자들의 무분별한 난립을 방지하고 책임성과 성실성을 확보함으로써 선거의 과열 방지 / 그러나 간선제 방식 하에서는 지원자들의 무분별한 난립과 선거 과열 문제가 발생할 여지가 적음 / 기탁금조항의 1,000만원 액수는 교원 등 학내 인사뿐만 아니라 일반 국민들 입장에서도 적은 금액이 아님]

185 [2019헌마825] 총장임용후보자선거에서 후보자가 기탁금을 납부하도록 하고 납부된 기탁금의 일부만을 반환하도록 한 대학 규정에 관한 사건 [위헌, 기각]

가. 대구교육대학교 총장임용후보자선거에서 후보자가 되려는 사람은 1000만원의 기탁금을 납부하도록 한 기탁금납부조항
⇒ 공무담임권 침해 ✗ [직선제 하에서는 선거가 과열되거나 혼탁해질 위험성이 있음 / 선거의 과열 방지 및 후보자의 성실성 확보에 기여]

나. 총장임용후보자선거 후보자가 제1차 투표에서 15% 이상 득표한 경우 기탁금의 반액을 반환하고 나머지는 대학 발전기금에 귀속되도록 한 규정
⇒ 재산권 침해 O [선거를 성실하게 완주하여 성실성을 충분히 검증 받은 후보자는 물론, 총장임용후보자로 선정된 사람조차도 기탁금의 반액은 반환받지 못하게 됨 / 기탁금의 발전기금 귀속을 일률적으로 강요함으로써 대학의 재정을 확충]

186 [99헌마112] 교육공무원의 정년을 62세로 단축한 교육공무원법 사건 [기각]

- 재산권 제한 ✗ [교원의 정년단축으로 기존 교원이 입는 경제적 불이익은 계속 재직하면서 재화를 획득할 수 있는 기회를 박탈당하는 것은 재산권 보장의 대상 ✗]
- 공무담임권 침해 ✗ [입법자에게는 제반사정을 고려하여 합리적인 범위내에서 정년을 조정할 입법형성권이 인정됨]
- 신뢰보호원칙 위반 ✗ [임용당시 공무원법상 정년까지 근무할 수 있다는 기대 내지 신뢰는 절대적인 것이 아님]
- 평등권 침해 ✗ [대학교원의 경우 그 최초임용시의 연령이 초·중등교원보다 상대적으로 고령]

제6장 청구권적 기본권

제1절 청구권적 기본권 일반이론

제2절 청원권

187 [97헌마54] 지방의회에 청원을 할 때 지방의회 의원의 소개를 얻도록 한 사건 [기각]

- 헌법상 청원권은 청원을 수리할 뿐만 아니라, 이를 심사하여 청원자에게 그 처리결과를 통지할 것을 요구할 수 있는 권리를 말함 / 청원사항의 처리결과에 심판서나 재결서에 준하는 이유명시를 요구할 수 없음 / 소관관서는 청원의 결과통지를 함으로써 헌법 및 청원법상 의무이행을 다함.
- 청원권 침해 ✘ [지방의원 모두가 소개의원이 되기를 거절하는 청원은 그 청원내용을 찬성하는 의원이 없다는 것을 의미]

188 [2003헌바108] 로비제도 금지 사건 [합헌]

- 공무원의 직무에 속한 사항의 알선에 관하여 금품이나 이익을 수수요구 또는 약속한 자를 형사처벌하는 특가법 조항.
- 일반적 행동의 자유 제한 ○, 청원권 제한 ○ (청원권은 제3자를 통해서 하여도 보호됨) / 침해 ✘ [공무의 공정성과 그에 대한 사회의 신뢰성 보호]
- 명확성원칙 위반 ✘ ['공무원의 직무에 속한 사항', '알선']

제3절 재판청구권

189 [2007헌바8] 사법보좌관에 의한 소송비용액 확정결정절차 사건 [합헌]

- 법관에 의한 재판을 받을 권리 침해 ✘ [상대적으로 쟁송성이 없거나 희박한 비송적·형식적 절차 업무 / 이의신청을 허용함으로써 동일 심급 내에서 법관으로부터 다시 재판받을 수 있는 권리 보장]

190 [2011헌마122] 수용자가 변호사와 접견할 때도 접촉차단시설이 설치된 장소에서 하도록 한 사건 [헌법불합치, 각하]

- 재판청구권 제한 O / 변호인의 조력을 받을 권리 제한 ✘
- 과잉금지원칙 위반 ✘ [효율적인 재판준비 지극히 곤란. 특히 국가 등을 상대로 소송을 하는 경우 소송자료를 그대로 노출하여 무기대등의 원칙 훼손]

191 [2012헌마858] 수형자와 소송대리인인 변호사간의 접견 시간 및 횟수에 관한 사건 [헌법불합치]

- 재판청구권 침해 O [수형자가 필요한 시기에 변호사의 조력을 받지 못할 가능성]

192 [2013헌마712] 수형자의 사복착용에 관한 사건 [헌법불합치, 기각]

- 공정한 재판을 받을 권리, 인격권, 행복추구권 제한 O
- 형사재판에서 사복착용 불허 : 위헌 O [도주예방과 교정사고 방지 목적 / 인격적인 모욕감과 수치심. 유죄의 선입견. 당사자 대등주의]
- 민사재판에서 사복착용 불허 : 위헌 ✘ [복장에 따라 불리한 심증을 갖게 되지 않음]

193 [2016헌마344] 디엔에이감식시료채취 영장 발부 절차 사건 [헌법불합치, 기각, 각하]

가. 이 사건 영장발부 – 법원의 재판이므로 심판청구 부적법.
나. 이 사건 채취조항 – 신체의 자유 침해 ✘ / 평등권 침해 ✘ / 무죄추정의 원칙 위반 ✘
다. 이 사건 영장절차조항
- 재판청구권 침해 O [자신의 디엔에이감식시료가 강제로 채취당하고 영구히 보관·관리되는 중대한 문제인데도 불구하고 의견진술 기회, 불복할 수 있는 기회, 위법성 확인을 청구할 수 있는 구제절차가 마련되어 있지 않음]
라. 이 사건 삭제 조항 – 개인정보자기결정권 침해 ✘

194 [2014헌바180] 과거사 민주화보상법 '재판상 화해 간주' 사건 [위헌, 각하]

- "민주화 운동과 관련하여 입은 피해"의 명확성원칙 위반 ✘ [정신적 손해를 포함한 피해 일체]
- 재판청구권 침해 ✘ [위원회 구성 및 활동의 중립성과 독립성, 심의절차에 전문성·공정성, 동의 여부 자유로운 선택 등 보장]
- 국가배상청구권 침해 ○ [지급절차를 신속하게 이행·종결 취지 / 적극적·소극적 손해에 대한 배상청구권의 추가적 행사 제한은 과도한 제한 아님 / 그러나 민주화보상금에는 정신적 손해에 대한 배상이 포함되어 있지 않음. 적극적·소극적 손해에 상응하는 배상이 이루어졌다는 사정만으로 정신적 손해에 대한 국가배상청구마저 금지하는 것은 국가배상청구권에 대한 지나치게 과도한 제한]

195 [2005헌가7] 소청심사위원회 재심결정에 대한 학교법인의 불복금지 규정 사건 [위헌]

- 분쟁의 당사자이자 재심절차의 피청구인인 학교법인의 재판청구권 침해 ○
- 재심절차에서 일방 당사자의 지위에 있는 학교법인의 제소권한 부인. 평등원칙 위반 ○
- 헌법 제101조 제1항("사법권은 법관으로 구성된 법원에 속한다.") 위반 ○
- 헌법 제107조 제2항 위반 ○

196 [2000헌바30] 지방세 부과처분에 대한 필수적 전치주의 규정 사건 [위헌, 각하]

- 행정심판을 종심절차로 규정하거나, 필요적 전심절차로 규정하면서 사법절차를 준용하지 않는다면 헌법 제107조 제3항, 헌법 제27조 위반 ○
- 헌법 제107조 제3항 및 헌법 제27조 위반 ○ [지방세심의위원회의 "사법절차 준용" 요청 외면]

함께 보는 판례
- 국가배상법상 배상결정전치주의 : 재판청구권, 평등권 침해 ✘
- 산업재해보상보험법상의 보험급여결정에 대한 행정소송을 제기하기 위하여 심사청구·재심사청구의 행정심판을 거치도록 한 것 : 헌법 제107조 제3항 위반 ✘, 재판청구권 침해 ✘

197 [2001헌가18] 대한변호사협회 징계를 받은 변호사의 즉시항고 규정 사건 [위헌]

- 대한변호사협회징계위원회에서 징계를 받은 변호사는 법무부변호사징계위원회에서의 이의절차를 밟은 후 곧바로 대법원에 즉시항고토록 하고 있는 변호사법조항의 법관에 의한 재판을 받을 권리 침해 O / 헌법 제101조 제1항 및 제107조 제3항 위반 O / 평등권 침해 O

198 [92헌가11] 특허청의 항고심판결정에 대하여 곧바로 대법원 상고를 규정한 특허법 사건 [헌법불합치]

- 법관에 의한 재판을 받을 권리 침해 O / 헌법 제101조 제1항 및 제107조 제3항 위반 O

199 [97헌바37] 심리불속행제도 사건 [합헌]

- 대법원이 모든 사건을 상고심으로서 관할하여야 하는 것 아님.
- 재판청구권 침해 ✗ [심급제도와 대법원의 기능 고려]

함께 보는 판례

- 소액사건의 상고 제한 : 합헌 O
- 상고이유 제한 및 상고허가제를 규정한 소송촉진법 : 합헌 O
- 특별항고 사유를 한정하고 있는 민사소송법 조항 : 합헌 O

200 [2001헌바95] 범죄인인도심사를 서울고등법원의 전속관할로 한 사건 [합헌]

- 적법절차원칙 위반 ✗, 재판청구권 침해 ✗ [적법절차원칙 준수되어야 함 / 심급제도는 입법형성의 자유 / 국가형벌권의 확정을 목적으로 하는 형사절차와 같은 전형적인 사법절차 대상 ✗ 특별한절차 O / 합리성과 정당성을 벗어난 것이 아님]

201 [2018헌바524] 영상물에 수록된 19세 미만 성폭력범죄 피해자 진술에 관한 증거능력 특례조항 사건 [위헌]

- 공정한 재판을 권리 침해 O [2차피해를 막기 위한 목적의 정당성 및 수단의 적합성 O / 불리한 진술에 대한 반대신문의 기회를 부여하여야 한다는 절차적 권리의 보장은 '공정한 재판을 받을 권리'의 핵심적인 내용 / 피고인은 사건의 핵심적인 진술증거에 관하여 충분히 탄핵할 기회를 갖지 못한 채 유죄 판결을 받을 수 있게 됨]

202 [2008헌바162] 현역병의 군대 입대 전 범죄에 대한 군사법원의 재판권 규정 사건 [합헌, 각하]

- 재판청구권 침해 ✘ [헌법 제110조 제1항. 특별법원으로서 군사법원 / 군인이 일반법원의 재판을 받기 위해서는 상당한 비용·인력 및 시간이 소요됨. 집단적 병영생활의 특수성. 상고심은 대법원에서 관할함]

| 형사피해자의 재판절차진술권 |

203 [2005헌마764] 업무상과실 또는 중대한 과실로 인한 교통사고로 말미암아 피해자로 하여금 상해에 이르게 한 경우 공소를 제기할 수 없도록 한 교통사고처리특례법 사건 [위헌]

가. 재판절차진술권 침해 여부
- 업무상 과실 또는 중대한 과실로 중상해를 입은 경우 : 침해 O [피해자가 중상해를 입은 경우에도 피해자의 실질적 피해회복에 성실히 임하지 않는 풍조. 안전운전에 대한 주의의무 해태]
- 중상해가 아닌 상해를 입은 경우 : 침해 ✘ [신속히 회복 촉진. 경미한 교통사고 피의자에 대하여는 비형벌화하려는 세계적인 추세]

나. 평등권 침해 여부
- 중상해를 입은 경우 : 침해 O [엄격한 심사기준 / 평생 심각한 불구 또는 난치의 질병을 안고 살아가야 하는 피해자도 비록 생명권이 침해된 것은 아니지만 이에 비견될 정도의 육체적, 정신적 고통을 받게 됨]
- 중상해가 아닌 상해를 입은 경우 : 침해 ✘

다. 기본권보호의무 위반 ✘
- 과소보호금지원칙 심사 / 형벌은 국가가 취할 수 있는 유효적절한 수많은 수단 중의 하나일뿐이지, 결코 형벌까지 동원해야만 보호법익을 유효적절하게 보호할 수 있다는 의미의 최종적인 유일한 수단이 될 수는 없음.

제4절 국가배상청구권

204 [2014헌바148] 과거사 국가배상청구 '소멸시효' 사건

- 민법상 소멸시효제도의 원칙적 합헌성 O [법적 안정성의 보호, 채무자의 이중변제 방지, 채권자의 권리불행사에 대한 제재 및 채무자의 정당한 신뢰보호]
- 과거사정리기본법 제2조 제1항 제3호, 제4호에 규정된 사건에 관한 예외적 위헌성
  ⇒ 객관적 기산점의 위헌성 O [국가가 소속 공무원을 조직적으로 동원하여 불법행위를 저지르고 그에 관한 조작·은폐를 통해 피해자의 권리를 장기간 저해]
  ⇒ 주관적 기산점은 합헌 [피해자와 가해자 보호의 균형 도모]

205 [94헌바20] 헌법 규정에 대한 헌법소원심판청구 사건 [합헌, 각하]

- 헌법의 개별규정 자체는 헌법소원의 대상 ✘
- 이념적·논리적으로 헌법규범상호간의 우열을 인정할 수는 있음 / 개별적 헌법규정 상호간에 효력상의 차등을 의미하는 것이라고 볼 수 없음.

206 [93헌바21] 국가배상법상 이중배상금지규정 사건 [한정위헌]

- 국가배상법 제2조 제1항 단서 중 "군인······ 이······ 직무집행과 관련하여······ 공상을 입은 경우에 본인 또는 그 유족이 다른 법령의 규정에 의하여 재해보상금·유족연금·상이연금 등의 보상을 지급받을 수 있을 때에는 이 법 및 민법의 규정에 의한 손해배상을 청구할 수 없다"는 부분은, 일반국민이 직무집행 중인 군인과의 공동불법행위로 직무집행 중인 다른 군인에게 공상을 입혀 그 피해자에게 공동의 불법행위로 인한 손해를 배상한 다음 공동불법행위자인 군인의 부담부분에 관하여 국가에 대하여 구상권을 행사하는 것을 허용하지 아니한다고 해석하는 한, 헌법에 위반된다.

207 [2014다230535] 한센병 환자의 국가배상청구 사건

- 환자는 의료행위를 선택할 권리를 보유함. / 수술과 같이 신체를 침해하는 의료행위를 하는 경우 환자로부터 의료행위에 대한 동의 내지 승낙을 받아야 함 / 설명의무를 소홀히 하여 환자로 하여금 자기결정권을 실질적으로 행사할 수 없게 한 경우 불법행위 성립.

- 국가가 한센병 환자의 치료 및 격리수용을 위하여 운영·통제해 온 국립 소록도병원 등에 소속된 의사 등이 정당한 공권력의 행사라고 인정하기 위한 요건을 갖추지 아니한 채 한센인들을 상대로 정관절제수술이나 임신중절수술을 시행한 경우, 인간으로서의 존엄과 가치, 인격권 및 자기결정권, 사생활의 비밀을 침해하여 민사상 불법행위 성립.

제5절 형사보상청구권

208 [2008헌마514] 형사보상금 액수제한 및 형사보상결정에 대한 불복금지 사건 [위헌, 기각]

- 형사보상금을 일정한 범위내로 한정하고 있는 조항 : 형사보상청구권 침해 ✖ [형사보상은 국가배상과는 그 취지 자체가 상이함. 형사보상절차로써 인과관계 있는 모든 손해를 보상하지 않는다고 하여 반드시 부당하다고 할 수는 없음 / 헌법 제28조의 '정당한 보상'은 헌법 제23조 제3항 재산권의 '정당한 보상'과는 차이가 있음]
- 형사보상의 청구에 대하여 한 보상의 결정에 대하여는 불복을 신청할 수 없도록 하여 형사보상의 결정을 단심재판으로 규정한 조항 : 형사보상청구권 및 재판청구권 침해 ⭕ [심급제도의 문제는 입법자의 형성의 자유에 속하는 사항 / 소방액에 관한 판단에서 오류나 불합리성이 발견되는 경우에도 그 시정을 구하는 불복신청을 할 수 없도록 하는 것은 본질적 내용 침해]

제6절 범죄피해자구조청구권

제7장 사회적 기본권

제1절 사회적 기본권의 일반론

제2절 인간다운 생활을 할 권리

209 [2002헌마328] 2002년도 국민기초생활보장 최저생계비 고시 사건 [기각]

- 인간다운 생활을 할 권리는 사회적 기본권의 일종. 최소한의 물질적인 생활의 유지에 필요한 급부를 요구할 수 있는 권리 / 법률을 통하여 구체화할 때 비로소 인정되는 법률적 권리
- 인간다운 생활을 할 권리는 모든 국가기관을 기속하지만 그 기속의 의미는 동일하지 않음. 입법부나 행정부에 대하여는 행위규범으로 작용, 헌법재판에서는 통제규범으로 작용
- 과소보호금지원칙을 기준으로 심사.
- 국가가 장애인의 인간다운 생활을 보장하기 위하여 행하는 사회부조는 생계급여만을 가지고 판단하여서는 안되고, 각종 급여나 각종 부담의 감면 등을 총괄한 수준으로 판단하여야 함.
- 생활능력 없는 장애인가구 구성원의 인간의 존엄과 가치 및 행복추구권, 인간다운 생활을 할 권리, 평등권 침해 ✗

210 [2002헌바1] 국민의료보험법상 보험급여 제한사유 사건 [한정위헌]

- 의료보험수급권의 구체적 내용은 법률에 의하여 비로소 확정됨 / 국민의료보험법에 의하여 이미 형성된 구체적 권리 / 의료보험수급권은 재산권의 성질을 가짐
- 보험급여 제한 사유에 고의와 중과실에 의한 범죄행위 이외에 경과실에 의한 범죄행위까지 포함되는 것으로 해석하는 것은 재산권 침해 O / 의료보험수급권의 본질 침해 O

211 [2002헌바51] 산업재해보상보험법 적용제외사업 사건 [합헌, 각하]

- 평등원칙 위반 ✖ [산업재해보상보험의 운영주체인 국가의 관장력에도 한계가 있다는 현실을 비교형량하여 나온 입법정책적 결정으로서 나름대로 합리적인 이유가 있음]
- 헌법 제34조 위반 ✖ [산재보험수급권은 산재보험법에 의해 비로소 구체화되는 법률상 권리]
- 근로의 권리 침해 ✖

212 [2014헌바254] 출퇴근 재해 사건 [헌법불합치, 각하]

- 평등원칙 위반 ○ [사업주가 제공한 교통수단을 이용하여 출퇴근 하는 산재보험 가입근로자와의 차별취급 / 산재보험수급권은 사회보장수급권의 하나 / 사업주의 무과실배상책임을 전보하는 기능도 있지만, 피재근로자와 그 가족의 생활을 보장하는 기능의 중요성이 더 커짐 / 차별을 정당화하는 합리적 이유 없음]

213 [99헌마516] 고엽제후유증환자로 등록신청을 하지 않고 사망한 경우 유족등록신청자격부인 사건 [헌법불합치, 각하]

- 월남전에 참전한 자가 고엽제후유증환자로 등록신청을 하지 않고 사망한 경우 유족에게 유족등록신청자격을 부인하는 것
    - 재산권 침해 ✖ [공법상 권리는 법률상 요건을 갖추기 전에는 헌법이 보장하는 재산권 ✖]
    - 평등권 침해 ○ [고엽제후유증 환자 및 유족에 대한 보상은 국가의 단순한 은혜적 시혜가 아니라 국가를 위하여 바친 고귀한 희생에 대한 정당한 보상의 일환]

제3절 교육을 받을 권리

214 [2016헌마649] 교육대학교 등 수시모집 입시요강 위헌확인 사건 [인용(위헌확인)]

- 고졸 검정고시 출신의 수시모집 지원 제한 : 균등하게 교육을 받을 권리 침해 ○ [균등학게 교육을 받을 권리를 위해 대학의 자율권은 일정부분 제약을 받을 수 있음 / 수시모집의 비중이 확대됨. 응시자들에게 동등한 입학 기회를 부여해야]

215 [2010헌마139] 검정고시 합격자의 재응시 제한 사건 [인용(위헌확인), 각하]

- 법률유보원칙을 위반하여 교육을 받을 권리 침해 O
- 과잉금지원칙을 위반하여 교육을 받을 권리 침해 O [직전까지 허용되어 온 합격자의 재응시를 아무런 사전예고나 경과규정 없이 일시에 전면적으로 금지]

216 [2011헌마827] 고교평준화 사건 [기각]

- 학생 및 학부모의 학교선택권 침해 ✗
- 교육제도 법정주의 위반 ✗ [고등학교 입학방법과 절차에 관한 사항을 반드시 법률의 형식으로만 정해야 하는 것은 아님]
- 포괄위임금지원칙 위반 ✗ [학생들의 수요에 능동적으로 대처하고, 학생과 학부모의 의사와 각 지역의 실정을 적절하게 반영하기 위한 것]
- 과잉금지원칙 위반 ✗ [고등학교 교육기회의 균등, 고등학교 입시폐지로 인한 중학교 교육 정상화]
- 신뢰보호원칙 위반 ✗ [광명시가 비평준화 지역으로 남아있을 것이라는 신뢰는 헌법상 보호할 가치나 필요성 ✗]

217 [2012헌마832] 학교폭력 가해학생에 대한 재심 제한 사건 [기각, 각하]

가. 가해학생에 대한 조치 중 전학과 퇴학을 제외한 나머지 조치에 대해 재심을 제한하는 규정
- 재판을 받을권리 제한 ✗ [재심은 사법절차 ✗]
- 학부모의 자녀교육권, 평등권, 일반적 행동자유권 제한 O
- 침해 ✗ [학교폭력으로 인한 갈등 상황을 신속히 종결]

나. 가해학생이 특별교육을 이수할 경우 보호자도 함께 이수하도록 한 규정
- 보호자의 일반적 행동 자유권 침해 ✗ [학교폭력 문제를 보다 근본적으로 해결]

218 [2010헌바164] 의무교육인 중학교 학생을 대상으로 학교급식비를 징수하도록 한 학교급식법 사건 [합헌]

- 의무교육 무상의 범위 : 경제적인 차별 없이 수학하는데 반드시 필요한 비용
- 학교급식은 의무교육 무상의 범위 ✗ [식생활 및 인성교육으로서의 보충적 성격]

219 [2010헌바220] 중학교 학생으로부터의 학교운영지원비 징수 사건 [위헌, 각하]

- 의무교육 무상원칙 위반 [교사의 인건비, 학교회계직원의 인건비 등 의무교육과정의 인적기반을 유지하기 위한 비용 충당에 사용 / 납부의 자율성 보장 ✕]

220 [2003헌가20] 공동주택 수분양자들에게 학교용지부담금을 부과하도록 규정한 사건 [위헌]

- 학교용지부담금은 원인자부담금 / 수익자부담금 / 재정조달목적 부담금.
- 의무교육 무상의 원칙 위반 O [의무교육시설은 국가의 일반재정으로 충당하여야 함]
- 평등원칙 위반 O [학교용지부담금은 일반적 공익사업의 성격 / 의무자집단의 동질성 ✕ / 밀접한 관련성 ✕]
- 비례원칙 위반 O

221 [2007헌가1] 개발사업자에게 학교용지부담금을 부과하도록 규정한 사건 [합헌]

- 의무교육 무상의 원칙 위반 ✕ [공동체 전체의 부담으로 이전하라는 명령일 뿐 조세로 해결해야 함을 의미하는 것은 아님]
- 평등원칙 위반 ✕
- 비례의 원칙 위반 ✕

222 [89헌마88] 국정교과서제도 사건 [기각]

- 학문의 자유 침해 ✕ [교사의 수업권이 기본권인지에 대해 부정적으로 보는 견해가 많으며, 설사 보장된다 하더라도 수업권을 내세워 수학권을 침해할 수 없음]
- 언론·출판의 자유 침해 ✕ [출판의 자유에는 모든 사람이 스스로 저술한 책자가 교과서가 될 수 있도록 주장할 수 있는 권리까지 포함되어 있는 것은 아님]

223 [2000헌바26] 임용기간이 만료한 대학교원에 관한 사건 [헌법불합치]

- 교원지위 법정주의 위반 O [입법자가 법률로 정하여야 할 기본적인 사항에는 교원의 신분이 부당하게 박탈되지 않도록 하는 최소한의 보호의무 포함]

제4절 근로의 권리

224 [2014헌바3] 해고예고수당 청구 사건 [위헌]

- 월급근로자로서 6개월이 되지 못한자에 대한 해고예고제도 적용예외 규정
- 해고예고제도는 근로의 권리의 내용에 포함
- 근로의 권리, 평등권 침해 O [해고예고 예외는 근로관계 계속에 대한 근로자의 기대가능성이 적은 경우로 한정되어야 함]

225 [2014헌마367] 외국인근로자 출국만기보험금 지급시기 제한 사건 [기각]

- 근로의 권리 침해 ✖ [출국만기보험금이 퇴직금의 성격을 가진다 하더라도 불법체류를 방지하기 위함]
- 평등권 침해 ✖ [외국인 근로자와 내국인근로자 차별 O / 외국인에 대한 출국 담보 수단]

제5절 근로3권

226 [2010헌마606] 노조전임자 및 근로시간 면제 제도(타임오프제) 사건 [기각, 각하]

- 단체교섭권 및 단체행동권 침해 ✖ [노동조합의 자주성 및 독립성 확보에 기여, 사업장 내에서의 노동조합 활동을 일정 수준 계속 보호·지원하기 위한 것]

227 [2012헌바90] 노동조합 운영비 원조 부당노동행위 금지조항 사건 [헌법불합치, 각하]

- 단체교섭권 침해 O [노동조합의 자주성을 저해할 위험이 없는 행위까지 금지. 적합한 수단 ✖]

228 [2007헌마1359] 특수경비원의 쟁의행위 금지 사건 [기각, 각하]

- 단체행동권 침해 ✖ [국가 중요시설의 안전 도모]

229 [2015헌마653] 청원경찰 근로3권 전면 제한 사건 [헌법불합치, 각하]

- 청원경찰은 고용계약에 의한 근로자일 뿐이므로 기본적으로 헌법 33조 1항에 따라 근로3권이 보장되어야 함.
- 근로3권 침해 [신분보장은 공무원에 비해 취약. 낮은 수준의 법적 보장. 근로3권의 허용되어야 할 필요성이 더욱 큼]

230 [2011헌바53] 노동조합설립신고제 사건 [합헌]

- 허가제 위반 ✗ [근로자의 단결권이 사용자와의 관계에서 특별한 보호를 받아야 할 경우에는 헌법 제33조가 우선적용되지만, 통상의 결사에는 헌법 제21조 제2항이 적용됨 / 법상 요구되는 요건만 충족되면 설립이 자유로우므로 허가와는 구분됨]
- 과잉금지원칙 위반 ✗ 단결권 침해 ✗ [어용조합, 조합내부의 민주성 침해 우려 방지]

231 [2015헌가38] 전국교수노동조합 사건 [헌법불합치]

가. 교육공무원이 아닌 대학교원의 단결권 침해 O
- 헌법 33조 1항. 과잉금지 심사. 과잉금지 위반 O [초·중등교원으로 한정할 목적의 정당성 ✗]
나. 교육공무원인 대학교원의 단결권 침해 O
- 헌법 33조 2항. 입법형성권의 한계 일탈 심사. 한계 일탈 O

232 [2013헌마671] 전국교직원노동조합 사건 [기각, 각하]

가. 법외노조통보조항
- 시정요구 및 법외노조통보라는 별도의 집행행위 예정. 직접성 ✗
나. 이 사건 시정요구
- 청구인 전교조의 권리.의무에 변동을 일으키는 행정행위에 해당. 보충성 ✗
다. 교원노조법 상 교원의 범위를 초.중등학교 재직중 교원으로 하고 있는 이 사건 법률조항
- 해직교원들의 단결권 침해 ✗ [교원노조의 자주성과 주체성 확보. 노동조합법에 따라 노동조합 설립은 가능하므로 단결권이 박탈되는 것도 아님]

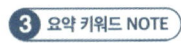

233 [2016두32992] 법외노조통보처분 취소 전원합의체 판결

- 법률의 위임 없이 법률이 정하지 않은 법외노조 통보에 관하여 규정한 시행령 조항은 노동3권을 본질적으로 제한하여 무효에 해당함.
- 법외노조통보는 침익적인 형성적 행정처분. 노동조합법은 법상 설립요건을 갖추지 못한 단체의 노동조합 설립신고서를 반려하도록 규정하면서도, 그보다 더 침익적인 설립 후 활동중인 노동조합에 대한 법외노조 통보에 관하여는 아무런 규정을 두고 있지 않음

234 [2005헌마971] 공무원의 노동조합 설립 및 운영 등에 관한 법률 사건 [기각]

- 공무원노조의 지부에 불과한 지식경제부 공무원노동조합은 독자적으로 단결권의 주체가 될 수 없음.
- 헌법 제33조 제2항에 따라 '법률이 정하는 자' 이외의 공무원은 노동3권의 주체가 되지 못하므로, 노동3권이 인정됨을 전제로 하는 헌법 제37조 제2항의 과잉금지원칙은 적용이 없음 / 국회는 광범위한 입법형성의 자유를 가짐.
- 5급 이상 공무원과 6급 이하 공무원 중에서도 '지휘감독권 행사자'등의 노동조합 가입금지
  : 단결권, 평등권 침해 ✘ [업무의 공공성·공익성이 큰점, 노조의 자율성 보장]
- 정책결정, 임용권의 행사 등 근무조건과 직접 관련되지 않은 사항에 대한 단체교섭 제외
  : 단체교섭권 침해 ✘
- 정부교섭대표의 교섭창구단일화요구에 응하지 않는 경우 단일화될 때까지 교섭을 거부할 수 있도록 한 조항
  : 단체교섭권 침해 ✘ [과다한 교섭비용 줄이고, 단체교섭의 혼란 어려움 방지]
- 법령·조례·예산 및 하위규정과 다른 내용으로 체결되는 단체 협약에 대하여 효력을 발생하지 않도록 한 조항
  : 단체교섭권 침해 ✘
- 공무원에 대하여 일체의 쟁위행위 금지 : 단체행동권 침해 ✘
- 파업·태업 그 밖에 업무의 정상적인 운영을 저해하는 행위를 한 공무원 형사처벌
  명확성원칙 위반 ✘, 과중한 처벌 ✘
- 세계인권선언내용이 바로 법적 구속력을 가지거나 국제법적 효력을 갖는 것은 아님
- 국제노동기구 '결사의 자유위원회'등의 공무원 근로3권 보장 권고는, 권고에 불과한 것으로서 위헌심사의 척도 ✘

제6절 환경권

제7절 혼인과 가족생활의 보장

235 [2001헌가9] 호주제 사건 [헌법불합치]

- 가족제도에 관한 전통이라도 헌법이념인 개인의 존엄과 양성의 평등에 반한다면 헌법 제9조를 근거로 그 헌법적 정당성을 주장할 수는 없음.
- 헌법 제36조 제1항 위반 O [성역할에 관한 고정관념에 기초한 차별]

236 [2003헌가5] 자녀에게 부의 성과 본을 따르도록 한 민법 규정 사건 [헌법불합치]

- 재판관 5인 : 부성주의를 원칙으로 규정한 것 자체는 헌법에 위반되지 않으나 부성주의를 강요하는 것이 부당한 경우(부가 사망하거나 이혼한 경우 등)에도 예외를 규정하지 않은 것이 개인의 존엄과 양성의 평등, 인격권 침해 O
- 재판관 2인 : 부성주의를 원칙으로 규정한 것이 헌법 제36조 제1항 위반 O

237 [2013헌마623] 민법 제844조 제2항 중 "혼인관계종료의 날로부터 300일 내에 출생한 자"의 위헌 여부 [헌법불합치]

- 인격권, 행복추구권, 개인의 존엄과 양성의 평등에 기초한 혼인과 가족생활 침해 O [유전자검사 기술의 발달, 혼인 파탄으로부터 법률상 이혼까지 시간간격이 크게 늘어나 전남편 아닌 생부의 자를 포태하여 출산할 가능성 크게 증가]

238 [95헌가14] 친생부인의 소의 제척기간을 출생을 안날로부터 1년내로 규정한 사건 [헌법불합치]

- 혼인과 가족생활에 관한 기본권 침해 O [제소기간이 지나치게 단기간. 진실한 혈연관계에 반하는 친자관계를 부인할 수 있는 기회를 극단적으로 제한]

239 [2018헌바115] 8촌 이내 혈족 사이의 혼인 금지 및 무효 사건 [헌법불합치,합헌]

가. 8촌 이내의 혈족 사이에서는 혼인할 수 없도록 하는 민법 금혼조항은 혼인의 자유 침해 ✘ [근친혼으로 인하여 발생할 수 있는 혼란을 방지하고 가족제도 기능 유지. 우리 사회에서 통용되는 친족의 범위 및 양성평등에 기초한 가족관계 형성에 관한 인식과 합의에 기초하여 근친의 범위를 한정]

나. 이 사건 금혼조항을 위반한 혼인을 무효로 하는 민법 무효조항은 혼인의 자유 침해 O
[이미 근친혼이 이루어져 당사자 사이에 부부간의 권리와 의무의 이행이 이루어지고 있고, 자녀를 출산하거나 가족 내 신뢰와 협력에 대한 기대가 발생한 경우까지 그 효력을 소급하여 상실시키는 것은 가족제도의 기능 유지라는 본래의 입법목적에 반함]

240 [2001헌바82] 부부의 자산소득을 합산하여 과세하도록 규정한 소득세법 사건 [위헌]

- 헌법 제36조 제1항으로부터 도출되는 차별금지명령은 헌법 제11조 제1항 평등원칙을 혼인과 가족생활영역에서 구체화하여 더 보호하려는 목적. 해당 차별취급은 중대한 합리적 근거가 존재하여 헌법상 정당화 되는 경우에만 헌법 제36조 제1항에 위반되지 않음.
- 헌법 제36조 제1항 위반 O [혼인하였다는 이유만으로 혼인하지 안흔 자산소득자보다 더 많은 조세부담을 하여 소득 재분배 강요]

241 [2009헌바146] 1세대 3주택 이상 보유자 양도소득세 중과세 위헌소원 사건 [헌법불합치]

- 혼인으로 새로이 1세대를 이루는 자를 위하여 상당한 기간 내에 보유 주택수를 줄일 수 있도록 하고 경과규정 내에 양도하는 주택에 대해서는 양도소득세 완화규정을 둘 수 있는데도 두지 않은 것은 헌법 제36조 제1항 혼인에 따른 차별금지원칙 위반, 혼인의 자유 침해 O

242 [2006헌바112] 종합부동산세법 사건 [헌법불합치, 합헌]

- 종합부동산세의 과세방법을 '인별합산'이 아니라 '세대별 합산'으로 규정한 규정의 헌법 제36조 제1항 위반 O [가족간의 증여를 통하여 재산의 소유형태를 형성하였다고 하여 모두 조세회피의 의도가 있었다고 단정할 수 없음. 민법은 부부별산제를 채택하고 있고 배우자를 제외한 가족의 재산까지 공유로 추정할 근거규정이 없음]

241 [2005헌마1156] 남성단기복무장교를 육아휴직 허용대상에서 제외하고 있는 군인사법 사건
[기각]

가. 양육권 침해 여부
  1) 양육권 제한 O – 헌법 제36조 제1항, 제10조, 제37조 제1항 근거
  2) 육아휴직신청권의 법적 성격 – 헌법적 차원의 권리 ✘, 법률상 권리 O
  3) 심사기준 – 과소보호금지원칙
  4) 판단 – 위헌 ✘ [병역법상의 병역의무를 이행한다는 형평 고려, 육아휴직시 육아휴직수당을 지급하고 업무대행자를 선정해야 하는 등 예산과 인력 추가 소요 고려]

나. 평등권 침해 여부
  1) 심사기준 – 자의금지심사
  2) 직업군인과의 차별 – 합리적 이유 존재 O [복무형태의 차이, 국가부담의 증가, 의무복무 군인 사이의 형평성]
  3) 여성 단기복무장교와의 차별 – 성별에 의한 차별 ✘ 복무형태에 따른 차별에 불과.

242 [2021헌마975] '혼인 중 여자와 남편 아닌 남자 사이에서 출생한 자녀'에 대한 출생신고 사건
[헌법불합치, 기각]

가. 태어난 즉시 '출생등록될 권리'가 기본권인지 여부(적극)
  – 헌법 10조, 34조 1항, 36조 1항, 34조 4항 등에도 근거가 있음. 이 기본권 등의 어느 하나에 완전히 포섭되지 않으며 이들을 이념적 기초로 하는 명시되지 않은 독자적 기본권. 자유권적 성격과 사회적 기본권의 성격을 함께 지님.
나. '혼인 중 여자와 남편 아닌 남자 사이에서 출생한 자녀에 대한 생부의 출생신고'를 허용하는 규정을 두지 아니한 조항은 혼인 외 출생자인 청구인의 태어난 즉시 '출생등록될 권리' 침해O [입법자는 출생등록제도를 형성함에 있어 단지 출생등록의 이론적 가능성을 허용하는 것에 그쳐서는 아니되며, 실효적으로 출생등록될 권리가 보장되도록 하여야 함]
다. 생부의 평등권 침해 ✘ [생부는 출생자와의 혈연관계에 대한 확인이 필요할 수도 있고, 그 출생자의 출생사실을 모를 수도 있음]

제8절 모성의 보호

제9절 보건권

243 [2011헌마123] 수용자에 대한 국민기초생활 보장법상 급여 정지 사건 [기각]

- 인간다운 생활을 할 권리, 보건권 : 적극적으로 인간다운 생활을 하기 위하여 필요한 의료적 급부의 제공을 요구하는 것
- 과소보호금지원칙 위반 ✖ [보충급여의 원칙, 중복적인 보장 방지]
- 평등권 침해 ✖

CONSTITUTION

제2편
헌법총론

제1장 헌법과 헌법학

제2장 대한민국 헌법총설

제1장 헌법과 헌법학

| 관습헌법 |

001 [2004헌마554] 행정수도 이전 사건 [위헌]

가. 고도의 정치적 행위여서 사법심사의 대상이 되지 않는 것인지 여부
- 신행정수도건설이나 수도이전의 문제가 정치적 성격을 가지고 있는 것은 인정되지만 사법심사의 대상으로 하기에 부적절한 문제라고 할 수는 없음
- 신행정수도건설이나 수도이전의 문제를 국민투표에 붙일지 여부에 관한 대통령의 의사결정은 고도의 정치적 결단을 요하는 문제여서 사법심사를 자제함이 바람직 / 다만 국민의 기본권침해와 직접 관련되는 경우에는 헌법재판소의 심판대상이 될 수 있음.

나. 헌법상 수도의 개념 - 특히 국회와 대통령의 소재지가 결정적인 요소

다. 우리 헌법상 관습헌법이 인정될 수 있음.

라. 관습헌법의 일반적 성립요건
① 기본적 헌법사항에 관하여 관행 내지 관례 존재 ② 반복계속성 ③ 항상성
④ 명료성 ⑤ 국민적 합의

마. 우리나라의 수도가 서울인 점은 관습헌법으로 인정됨

바. 관습헌법을 하위 법률의 형식으로 의식적으로 개정될 수 없음.

사. 관습헌법의 폐지와 사멸
- 헌법개정이 이루어져야함 / 관습헌법과 반하는 내용의 새로운 수도설정 조항을 헌법에 넣는 것만으로 그 폐지가 이루어짐 / 국민적 합의가 상실되는 경우에도 자연히 사멸. 관습헌법의 요건들은 그 성립의 요건일 뿐만 아니라 효력 유지의 요건.

아. 이 사건 법률은 헌법 제130조에 따라 헌법개정절차에 있어 국민이 가지는 국민투표권을 침해하여 헌법에 위반됨.

002 [2005헌마579] 신행정수도 후속대책을 위한 연기·공주지역 행정중심복합도시 건설을 위한 특별법 위헌확인 [각하]

- 국회와 대통령이 여전히 서울에 소재하는 이상 서울의 수도로서의 지위가 해체되지 않음.
- 헌법 제72조의 국민투표권 침해할 가능성 ✘
- 헌법은 대통령에게 임의적인 국민투표발의권을 독점적으로 부여함 / 국민에게 특정의 국가정책에 관하여 국민투표에 회부할 것을 요구할 권리가 인정된다고 할 수 없음 / 결국 헌법 제72조 국민투표권은 대통령이 어떠한 정책을 국민투표에 부의한 경우에 비로소 행사가 가능한 기본권에 해당함. / 대통령 부의가 없는 이상 기본권침해가능성 ✘

| 합헌적 법률해석 |

003 [89헌가113] 국가보안법상 찬양·고무·동조 등 죄에 관한 사건 [한정합헌]

- 국가보안법 제7조 제1항 및 제5항의 규정은 각 그 소정의 행위가 국가의 존립·안전을 위태롭게 하거나 자유민주적 기본질서에 위해를 줄 명백한 위험이 있을 경우에만 축소적용되는 것으로 해석한다면 헌법에 위반되지 아니한다.
- 자유민주적 기본질서에 위해를 준다 함은 모든 폭력적 지배와 자의적 지배 즉 반국가단체의 일인독재내지 일당독재를 배제하고 다수의 의사에 의한 국민의 자치, 자유·평등의 기본원칙에 의한 법치주의적 통치질서의 유지를 어렵게 만드는 것으로서 구체적으로는 기본적 인권의 존중, 권력분립, 의회제도, 복수정당제도, 선거제도, 사유재산과 시장경제를 골간으로 한 경제질서 및 사법권의 독립 등 우리의 내부체재를 파괴·변혁시키려는 것이다.

| 저항권 |

004 [97헌가4] 입법과정의 하자가 저항권행사의 대상이 되는지 여부 사건 [각하]

- 재판의 전제성 요건 충족 여부는 제청법원의 견해를 존중하는 것이 원칙이나, 재판의 전제와 관련된 법률적 견해가 유지될 수 없는 것으로 보이면 헌법재판소가 직권으로 조사 가능
- 제청당시 공포되었으나 시행되지 않았고 이 결정 당시에 이미 폐지되어 효력이 상실한 법률은 심판의 대상 ✘
- 개의시간의 변경과 회의일시를 통지하지 않은 입법과정의 하자는 저항권 행사의 대상 ✘ [저항권은 헌법의 기본원리에 대한 중대한 침해가 다른 합법적인 구제수단으로는 목적을 달성할 수 없을때에 국민이 실력으로 저항하는 권리]

제2장 대한민국 헌법총설

제1절 대한민국 헌정사
제2절 대한민국 국가형태

제3절 헌법의 적용범위

| 국 적 |

005 [97헌가12] 부계혈통주의 규정 및 부모양계혈통주의를 10년간만 소급하는 부칙규정 사건 [헌법불합치, 각하]

- 국적은 국가의 생성과 더불어 발생. 국가의 소멸은 국적의 상실사유. 국적은 성문의 법령을 통해서가 아니라 국가의 생성과 더불어 존재하는 것.
- 부계혈통주의의 평등원칙 위반 ○
- 구법상 부가 외국인이기 때문에 대한민국 국적을 취득할 수 없었던 한국인 모의 자녀 중에서 신법 시행 전 10년 동안에 태어난 자에게만 대한민국 국적을 취득하도록 하는 경과규정인 신 국적법 부칙조항의 평등원칙 위반 ○

006 [2016헌마889] 병역준비역에 편입된 복수국적자 국적이탈 제한 사건 [헌법불합치, 기각]

- 병역준비역에 편입된 자는 편입된 때(만 18세)부터 3개월 내에 하나의 국적을 선택할 의무가 있고, 이 기간이 지나면 병역의무가 해소되기 전에는 국적이탈 신고를 할 수 없도록 한 조항의 국적이탈의 자유 침해 ○
[병역의무 이행의 공평 확보 / 출생과 동시에 신고 없이 대한민국 국적을 취득한 복수국적자가 주된 생활근거를 외국에 두고 학업이나 경제활동 등의 생활을 해왔다면, 그에게 복수국적 취득과 국적이탈 등에 관한 대한민국의 법과 제도에 대한 이해를 기대하기 어려울 수 있음]
- '가족관계기록사항에 관한 증명서'를 첨부하여 제출하도록 한 규정의 명확성 원칙 위반 ✘ / 과잉금지원칙 위반 ✘ [국적이탈 신고 수리 업무를 적정하게 처리할 수 있도록 하기 위함]

007 [99헌마494] 재외동포법 적용대상에서 정부수립이전 이주동포를 제외한 사건 [헌법불합치]

- 평등원칙 위반 ○ [정부수립이후이주동포와 정부수립이전이주동포는 이미 대한민국을 떠나 그들이 거주하고 있는 외국의 국적을 취득한 우리의 동포라는 점에서 같고, 국외로 이주한 시기가 대한민국 정부수립 이전인가 이후인가는 결정적인 기준이 될 수 없음]

| 영 토 |

008 [99헌마139] 대한민국과 일본국 간의 어업에 관한 협정 사건 [각하, 기각]

- 한일어업협정은 헌법 제6조 제1항에 의하여 국내법과 같은 효력. 공권력의 행사 ○
- 헌법전문에 기재된 3.1정신은 헌법의 연혁적·이념적 기초로서 헌법이나 법률해석에서의 해석기준으로 작용한다고 할 수 있지만, 그에 기하여 곧바로 국민의 개별적 기본권성을 도출해낼 수는 없음.
- 영토변경은 우리나라의 공간적인 존립기반에 변동을 가져오고 국가의 법질서에 변화를 가져옴으로써 필연적으로 국민의 주관적 기본권에도 영향을 미침 / 영토조항만을 근거로 하여 독자적으로는 헌법소원을 청구할 수 없다 할지라도 이를 영토권이라 구성하여 헌법소원의 대상인 기본권의 하나로 간주하는 것은 가능함.
- 한일어업협정의 합의의사록은 조약 ✕
- 영토권 침해 ✕ [독도가 중간수역에 속해 있다 할지라도 독도의 영유권 문제나 영해문제와는 직접적인 관련이 없음]

009 [98헌바63] 북한 주민과의 접촉시 통일부장관의 승인을 얻도록 한 사건 [합헌]

- 남북교류협력에관한법률은 그 적용범위 내에서 국가보안법의 적용이 배제됨. 이 법은 평화통일을 지향하기 위한 기본법으로서의 성격을 가짐
- 통일관련조항 위반 ✕, 과잉금지원칙 위반 ✕ [북한주민과의 접촉은 접촉과정에서 불필요한 마찰과 오해를 유발하여 긴장이 조성되거나 나쁜 영향을 미칠 수 있음]
- 헌법상 통일관련 조항들로부터 국민 개개인의 통일에 대한 기본권 도출 ✕
- 남북합의서는 나라와 나라 사이의 관계가 아닌 통일을 지향하는 과정에서 잠정적으로 형성되는 특수관계임을 전제로 하여 이루어진 합의문서. 일종의 공동성명 또는 신사협정에 준하는 성격 ○ / 조약 또는 이에 준하는 것 ✕

함께 보는 판례

- 북한을 법 소정의 "외국"으로, 북한 주민 등을 "비거주자"로 바로 인정하기는 어렵지만, 개별법률의 적용에 있어서 외국에 준하는 지역, 외국인의 준하는 지위에 있는 자로 규정 가능.
- 북한은 조국의 평화적 통일을 위한 대화와 협력의 동반자임과 동시에 반국가단체라는 성격도 함께 갖고 있음.

제4절 한국헌법의 기본원리

| 법치국가 원리 |

010 [2008헌바141] 친일반민족행위 결정 사건 [합헌]

- "친일반민족행위자", "독립운동에 적극 참여한 자" 명확성원칙 위반 ✘
- 러·일전쟁 개전시부터 1945년 8월 15일까지 친일반민족행위자가 취득한 재산을 친일행위의 대가로 취득한 재산("친일재산")으로 추정하는 조항의 재판청구권 침해 ✘, 적법절차원칙 위반 ✘ [재산의 취득자측은 취득내역을 잘 알고 있을 개연성이 높음]
- 친일재산을 그 취득·증여 등 원인행위시에 국가의 소유로 하도록 규정한 조항
  : 진정소급입법에 해당 ○ [진정소급입법은 원칙적으로 금지 / 예외적으로 허용]
  : 위헌 ✘ [헌법 전문의 '3·1운동'의 정신은 우리나라 헌법의 연혁적·이념적 기초로서 헌법이나 법률해석에서의 해석기준으로 작용. 진상규명 및 과거사 청산은 헌법적으로 부여된 임무 / 사안은 친일재산의 소급적 박탈을 충분히 예상할 수 있었음]
- 재산권 침해 ✘ 과잉금지원칙 위반 ✘ [민족의 정기를 바로 세우고 3·1운동의 헌법이념을 구현하기 위한 것]
- 평등의 원칙 위반 ✘ [헌법 제11조 제1항 후문의 규정은 불합리한 차별의 금지에 초점. 사회적 신분 차별금지는 절대적 차별금지 아님 / 완화된 심사 / 사회정의 실현, 민족의 정기]
- 연좌제 금지원칙 위반 ✘ [후손 자신의 경제적 활동으로 취득하게 된 재산이라든가 친일재산 이외의 상속재산 등을 국가로 귀속 ✘]

011 [2005헌바33] 재직중 사유로 금고이상 형을 받은 공무원의 퇴직급여 감액 사건 [헌법불합치]

- 공무원 또는 공무원이었던 자가 재직중의 사유로 금고 이상의 형을 받은 때에는 대통령령이 정하는 바에 의하여 퇴직급여 및 퇴직수당의 일부를 감액하여 지급하도록 한 공무원연금법 제64조 제1항 제1호의 재산권 침해 ○, 평등원칙 위반 ○
  [공무원연금법상 퇴직급여 등 급여수급권은 재산권의 성격 ○ / 공무원범죄 예방 및 재직중 성실근무 유도 / 그러나 직무상 의무와 관련이 없는 범죄 및 과실범의 경우에도 공무원의 재직중 성실근무 유도의 목적달성에 적합한 수단이 아님]
- 평등원칙 위반 ○

012 [2010헌바354] 공무원연금법 제64조 제1항 제1호 등 위헌소원 사건 [위헌, 합헌]

가. 공무원이 '직무와 관련 없는 과실로 인한 경우' 및 '소속상관의 정당한 직무상의 명령에 따르다가 과실로 인한 경우'를 제외하고 재직 중의 사유로 금고 이상의 형을 받은 경우, 퇴직급여 등을 감액하도록 규정한 공무원연금법 제64조 제1항
1) 헌법불합치 결정의 기속력에 반하지 않음
2) 재산권, 인간다운 생활을 할 권리 침해 ✕ [공무원의 범죄예방, 재직중 성실근무 유도 / 비록 직무와 관련이 없는 사유라도 그에 대한 법률적 혹은 사회적 비난 가능성, 공직에 대한 신뢰를 실추시킬 가능성은 있을 수 있음]
3) 평등원칙 위반 ✕ [공무원범죄 사전 예방, 공직사회 질서유지]

나. 2009. 12. 31. 개정된 이 사건 감액조항을 2009. 1. 1. 까지 소급하여 적용하도록 규정한 공무원연금법 부칙조항의 소급입법금지원칙 위반 ○ [국회에서 개선입법이 이루어지지 않은 국가기관의 잘못으로 인한 법집행의 책임을 퇴직공무원에게 전가시키는 것. 청구인들의 신뢰이익이 적다고 할 수도 없음]

013 [2000헌마152] 국세관련 경력공무원에 대한 세무사자격 부여제도 폐지 사건 [헌법불합치, 기각]

가. 국세관련 경력공무원에 대하여 세무사자격을 부여하지 않도록 개정된 조항
: 직업선택의 자유 및 행복추구권 침해 ✕ [경력 공무원에 대한 특혜시비 완화, 일반응시자들과의 형평도모]

나. 기존 국세관련 경력공무원 중 일부에게만 구법 규정을 적용하여 세무사자격이 부여되도록 규정한 부칙조항
: 신뢰이익 침해 ○ [세무사자격 부여에 대한 기대는 국가가 제정한 법률의 규정에 의하여 형성된 것으로서 단순한 가능성이 아닌 확정적인 법률효과에 바탕을 둔 것 / 세무사제도가 도입된 이래 약 40여년간 줄곧 시행되어 오면서 제도 자체의 합리성과 합목적성 인정]
: 평등의 원칙 위반 ○ [기준일 현재 구법 규정에 의한 자격부여요건을 충족한 자에게만 구법 규정을 적용하여 청구인들과 차별적 취급]

함께 보는 판례

- ① 법령에 따른 개인의 행위가 일정방향으로 유인된 신뢰의 행사인지, ② 단지 법률이 부여한 기회를 활용한 것인지에 따라 신뢰이익에 대한 보호가치가 달라짐
- 신뢰보호원칙은 법률이나 그 하위법규뿐만 아니라 국가관리의 입시제도와 같이 국공립대학의 입시전형을 구속하여 국민의 권리에 직접 영향을 미치는 제도운영지침의 개폐에도 적용됨.

014 [2005헌바20] 산업재해보상보험법상 최고보상제도 사건 [위헌]

가. 2000. 7. 1.부터 시행되는 산업재해보상보험법상 최고보상제도를 2000. 7. 1. 전에 장해사유가 발생하여 장해보상연금을 수령하고 있던 수급권자에게도 2년 6월의 유예기간 후 2003. 1. 1.부터 적용하는 산재법 부칙 조항
- 산재보험수급권은 사회보장수급권의 하나 / 헌법규정만으로는 실현할 수 없고 법률에 의한 형성을 필요로 함
- 산재보험수급권의 재산권 인정 ○

나. 진정소급입법 ✕ [장래 이행기가 도래하는 장해연금 수급권의 내용변경에 불과]

다. 신뢰보호원칙 위반 ○. 재산권 침해 ○
- ① 보호가치 있는 신뢰이익 ② 달성되는 공익 ③ 비교형량
- 제도 시행 이전에 이미 재해를 입고 산재보상수급권이 확정적으로 발생한 청구인들에 대하여 그 수급권의 내용을 일시에 급격히 변경하여 가면서까지 적용할 수 있는 것은 아님.

015 [2011헌마786] 법원조직법 부칙 사건 [한정위헌]

- 2013. 1. 1.부터 판사임용자격에 일정 기간 법조경력을 요구하는 법원조직법 부칙조항등의 신뢰보호원칙 위반 ○ 공무담임권 침해 ○ [지난 40년 동안 사법연수원 수료한 즉시 판사임용자격을 취득할 수 있다는 신뢰의 근거를 제공함]
- 법원조직법 개정전에 사법연수원에 입소했다는 사실만으로 영구히 개정법 적용 ✕

| 사회국가 원리 |

016 [2002헌마52] 저상버스 도입의무 불이행 사건 [각하]

- 장애인을 위한 '저상버스'를 도입해야 할 국가의 구체적 의무 ✕
- 국가는 사회적 기본권에 의하여 제시된 국가의 의무와 과제를 언제나 국가의 현실적인 재정·경제능력의 범위 내에서 다른 국가과제와의 조화와 우선순위결정을 통하여 이행할 수밖에 없음
- 장애인 복지를 향상해야 할 국가의 의무가 다른 다양한 국가과제에 대하여 최우선적인 배려를 요청할 수 없을 뿐 아니라, 헌법의 규범으로부터는 '장애인을 위한 저상버스의 도입'과 같은 구체적인 국가의 행위의무를 도출할 수 없음.

> **함께 보는 판례**
> - 민법은 헌법 제119조 제1항의 자유시장 경제질서에서 파생된 과실책임의 원칙을 일반불법행위에 관한 기본원리로 삼고 있음. / 자동차사고의 특수성에 비추어 승객이 사망하거나 부상한 경우에는 운행자에게 무과실책임을 지우는 조항 합헌 ○

| 국제평화주의 |

017 [2016헌마253] 일본군 위안부 문제 합의 발표 사건 [각하, 기타]

- 조약과 비구속적 합의의 구별 : 합의의 명칭, 서면으로 이루어졌는지 여부, 구체적인 권리·의무를 창설하는지 여부등 실체적 측면을 종합적으로 고려하여야 함 / 비구속적 합의는 국민의 법적 지위에 영향이 없으므로 이에 대한 헌법소원심판청구는 허용되지 않음.
- 이 사건 합의의 헌법소원 대상 ✘ [서면 ✘, 조문 형식 ✘, 합의의 효력에 관한 양 당사자의 의사표시 ✘, 구체적인 법적 권리·의무를 창설하는 내용 포함 ✘]

018 [97헌바65] 마라케쉬 협정 사건 [합헌]

- 개정된 신법이 피적용자에게 유리한 경우 입법자에게 시혜적인 소급입법을 할 의무 ✘
- 마라케쉬협정도 적법하게 체결되어 공포된 조약이므로 국내법과 같은 효력을 가짐. 이로 인해 관세법위반자의 처벌이 가중된다고 하더라도 법률에 의하지 아니한 처벌이라고 할 수 없음.

> **함께 보는 판례**
> - 사실상 노무에 종사하는 공무원 중 대통령령 등이 정하는 자에 한하여 노동3권을 인정하는 국가공무원법 조항의 국제법규 위반 ✘
> - 국가의 주권적 행위는 다른 국가의 재판권으로부터 면제되는 것이 원칙이나, 국가의 사법적(私法的) 행위까지 다른 국가의 재판권으로부터 면제되는 것은 아님.

제5절 정당제도

019 [99헌마135] 경찰청장 퇴직 후 2년내 정당가입 금지 사건 [위헌, 각하]

- 치안정감으로서 경찰청 차장, 경찰대학장으로 근무하고 있었던 사람들의 기본권 침해의 자기관련성 ✗ [장래 경찰청장 임명될 가능성이 있다는 사정만으로는 ✗]
- 정당(설립 및 가입)의 자유 제한 – 헌법 21조 일반결사에 대한 특별규정
- 공무담임권 제한 ✗ [피선거권 제한은 간접적이고 부수적인 효과에 지나지 않음]
- 정당의 설립 및 가입을 금지하는 조항은 이를 정당화 하는 사유의 중대성에 있어서 적어도 '민주적 기본질서에 대한 위반'에 버금가는 것이어야 함.
- 정당의 자유 침해 O [경찰청장의 직무와 독립성과 정치적 중립의 확보 / 정당 설립 및 가입 그 자체를 포괄적으로 금지하지 않고서도 '지구당위원장의로의 임명'이나 '정당추천의 금지' 등 개인의 정당의; 자유를 보다 적게 침해하는 방법 가능]
- 평등권 침해 O [직무의 독립성이 강조되는 대법원장, 대법관, 헌법재판소장, 헌법재판관, 감사원장과의 차별취급]

020 [2004헌마246] 정당등록요건으로 "5 이상의 시·도당과 각 시·도당 1,000명 이상의 당원"을 요구하는 정당법 사건 [기각]

- 등록이 취소된 이후에도 등록정당에 준하는 권리능력없는 사단으로서의 실질을 유지한다면 청구인능력 O
- 정당은 국민과 국가의 중개자 / 헌법은 정당설립의 자유와 복수정당제 보장 / 정당활동의 자유 포함
- 정당의 개념적 징표로서는 "상당한 기간 또는 계속해서", "상당한 지역에서" 국민의 정치적 의사형성에 참여해야한다는 개념표지가 요청됨
- 정당의 자유 침해 ✗ [5 이상의 시·도당은 "지역정당"을 배제하려는 취지, 1,000명 이상의 당원은 "군소정당"을 배제하려는 취지]

021 [2012헌마431] 정당등록취소 및 등록취소된 정당의 명칭사용금지 사건 [위헌]

- 정당설립의 자유의 최대한 보장. 이를 제한하는 법률의 합헌성심사는 엄격한 비례심사.
- 정당설립에 대한 국가의 간섭이나 침해는 원칙적으로 허용되지 않음. 따라서 단지 국민으로부터 일정 수준의 정치적 지지를 얻지 못한 군소정당이라는 이유만으로 정당을 국민의 정치적 의사형성과정에서 배제하기 위한 입법은 헌법상 허용될 수 없음.

- 정당설립의 자유 침해 O [단 한번의 국회의원 선거 결과가 아닌 공직선거 참여기회를 수회 더 부여하는 방법 고려 가능 / 대통령선거나 지방자치선거에서 아무리 좋은 성과를 올리더라도 정당등록이 취소될 수 밖에 없는 불합리한 결과 초래 / 신생·군소정당의 선거참여포기]

022 [2013헌다1] 통합진보당 해산 청구 사건 [인용(해산)]

가. 대통령의 해외순방은 '사고'에 해당하므로 국무회의 의결이 위법하지 않음.
나. 정당해산심판의 사유
1) "정당의 목적이나 활동" : 목적이란 정당이 추구하는 정치적 계획등 총칭 / 활동이란 정당에게 귀속시킬 수 있는 활동 일반 / 정당에 속한 개인이나 단체의 활동은 구체적인 경위를 살펴 판단
2) "민주적 기본질서" : 최대한 엄격하고 협소한 의미로 이해
3) "위배될 때" : 단순한 위반이나 저촉 ✗. 실질적인 해악을 끼칠 수 있는 구체적 위험성
4) 비례원칙 : 위 요건이 충족된 경우에도 위헌적 문제성을 해결할 수 있는 다른 대안적 수단이 없고, 해산을 통한 사회적 이익이 정당활동의 자유 제한으로 인한 불이익을 초과할 수 있을정도에 한함.
다. 정당해산결정 O
라. 피청구인 소속 국회의원의 의원직 상실 여부
- 방어적 민주주의의 관점에서 국회의원의 국민대표성은 부득이하게 희생될 수 밖에 없음 / 방어적 민주주의의 이념, 정당해산의 실효성 확보 위해 당선 방식을 불문하고 의원직 상실 O

023 [2016두39825] 위헌정당 해산결정으로 해산결정을 받은 정당 소속 비례대표지방의회의원이 공직선거법 제192조 제4항에 따라 의원직을 상실하는지가 문제된 사건

- 공직선거법 제192조 제4항 : 비례대표국회의원 또는 비례대표지방의회의원이 소속 정당의 합당·해산 또는 제명외의 사유로 당적을 이탈·변경하거나 2 이상의 당적을 가지고 있는 때에는 「국회법」 제136조(퇴직) 또는 「지방자치법」 제78조(의원의 퇴직)의 규정에 불구하고 퇴직된다. 다만, 비례대표국회의원이 국회의장으로 당선되어 「국회법」 규정에 의하여 당적을 이탈한 경우에는 그러하지 아니하다.
- 위 조항의 '소속정당의 해산'은 자진해산뿐 아니라 강제해산된 경우까지를 포함하는 것으로 해석하는 것이 합리적 / 위 조항은 비례대표지방의회의원의 퇴직을 규정하는 조항이라고 할 수 없으므로, 원고가 비례대표 전라북도 의회의원의 지위를 상실하였다고 볼 수 없음.

024 [2013헌바168] 정당에 대한 후원을 금지한 정치자금법 규정의 위헌 여부 [헌법불합치]

- 정당활동의 자유, 정치적 의사표현의 자유 침해 O [정경유착의 문제는 일부 재벌기업과 부패한 정치세력에 국한된 것이고 대다수 유권자들과는 직접적인 관련이 없으므로 일반 국민의 정당에 대한 정치자금 기부를 원천적으로 봉쇄할 필요는 없음]

025 [2008헌바89] 단체와 관련된 자금의 정치자금 기부금지 사건 [합헌]

가. 반복입법 여부의 판단기준
- 단지 위헌결정된 법률조항의 내용이 일부라도 내포되어 있는지 여부에 의하여 판단할 것이 아니라, 입법목적이나 입법동기, 입법당시의 시대적 배경 및 관련조항들의 체계 등을 종합하여 실질적 동일성이 있는지 여부에 따라 판단
- 노동단체의 정치자금기부금지의 반복입법 ✘

나. 과잉금지원칙 위반 ✘ 정치활동의 자유 침해 ✘ [단체구성원에 의사에 반하는 정치자금 기부로 인하여 단체 구성원의 정치적 의사표현의 자유가 침해되는 것 방지]

026 [2018헌마301] 정치자금법상 후원회지정권자 사건 [헌법불합치]

가. 광역자치단체장선거의 예비후보자에 대한 후원회지정권자 제외 규정 : 평등권 침해 O
[국회의원선거보다 지출하는 선거비용의 규모가 크고, 후원회를 통해 선거자금을 마련할 필요성 역시 매우 큼]

나. 자치구의회의원선거의 예비후보자에 대한 후원회지정권자 제외 규정 : 평등권 침해 ✘
[지역주민들과 접촉을 하며 직무를 수행하여야 하는 자치구의회의원의 지위에 비추어, 당선 이후 정치적 영향력을 행사하고자 하는 사람들의 접근으로 인한 부작용이 예상되므로 후원회를 통한 정치자금 모금 제한 필요성]

027 [2019헌마528] 지방의회의원의 후원회지정 금지 사건 [헌법불합치]

- 국회의원을 후원회지정권자로 정하면서 지방의회의원을 후원회지정권자에서 제외하고 있는 규정 : 평등권 침해 O
[지방의회의원의 전문성 확보 및 원활한 의정활동 지원을 위해 정치자금을 합법적으로 확보할 수 있는 방안을 마련해줄 필요 있음 / 후원회 지정 자체를 금지하는 것은 오히려 지방의회의원의 정치자금 모금을 음성화시킬 우려가 있음 / 유능한 신인정치인의 정치입문을 저해할 수도 있음]

제6절 선거제도

028 [2012헌마409] 집행유예자 수형자 선거권제한 사건 [위헌, 헌법불합치]

- 보통선거의 원칙에 반하는 선거권 제한은 엄격심사.
- 범죄자에 대한 선거권을 제한하는 경우에도 엄격한 비례심사.
- 집행유예자와 수형자에 대하여 전면적·획일적으로 선거권 제한. 가벼운범죄·중범죄, 과실범·고의범, 침해법익 등 불문. 범죄의 경중 고려해야
- 선거권 침해 [집행유예자 단순위헌 / 수형자 헌법불합치]

029 [2016헌마292] 수형자 선거권 제한 사건 [기각]

- 1년 이상 징역의 형을 선고를 받고 그 집행이 종료되지 아니한 사람의 선거권 제한 합헌 O [반사적 행위에 대한 사회적 제재. 범죄의 중대성과 선고형의 관계를 고려. 공동체에 상당한 위해를 가하였다는 점이 재판 과정에서 인정된 자]

030 [2004헌마644] 주민등록을 요건으로 재외국민의 선거권 등 제한 규정 사건 [헌법불합치]

- 주민등록을 요건으로 재외국민의 국정선거권 제한 : 재외국민의 선거권, 평등권 침해 O, 보통선거원칙 위반 O [엄연히 대한민국의 국민임에도 불구하고 주민등록법상 주민등록을 할 수 없는 재외국민의 선거권 행사를 전면적으로 부정하는 정당한 목적 ✗]
- 국내거주자에게만 부재자신고를 허용하는 것이 국외거주자의 선거권·평등권 침해 O, 보통선거원칙 위반 O
- 주민등록을 요건으로 국내거주 재외국민의 지방선거 선거권을 제한하는 것이 국내거주 재외국민의 평등권과 지방의회의원선거권 침해 O
- 주민등록을 요건으로 국내거주 재외국민의 지방선거 피선거권을 제한하는 것이 국내거주 재외국민의 공무담임권 침해 O
- 주민등록을 요건으로 재외국민의 국민투표권 제한하는 국민투표법의 국민투표권 침해 O

031 [2009헌마256] 재외선거인 선거권 및 국민투표권 제한 사건   [헌법불합치, 기각, 각하]

- 주민등록이 되어있지 않고 국내거소신고도 하지 않은 재외국민(이하 '재외선거인')에게 임기만료 지역구 국회의원 선거권을 인정하지 않은 조항 : 재외선거인의 선거권 침해 ✗, 보통선거원칙 위반 ✗
- 재외선거인의 국회의원 재·보궐선거의 선거권을 인정하지 않은 재외선거인 등록신청 조항 : 재외선거인의 선거권 침해 ✗, 보통선거원칙 위반 ✗
- 재외선거인은 선거를 실시할때마다 재외선거인 등록신청을 하도록 한 규정 : 선거권 침해 ✗
- 원칙적으로 공관에 설치된 재외투표소에 직접 방문하는 투표 방식 : 선거권 침해 ✗
- 재외선거인의 국민투표권을 제한한 규정 : 국민투표권 침해 O

032 [2000헌마91] 국회의원선거시 ① 2천만원 기탁금 ② 20% 반환기준 ③ 1인1표제 ④ 저지조항 사건   [한정위헌]

가. 국회의원 후보자 등록시 2천만원 기탁금 : 평등권과 피선거권, 유권자들의 선택의 자유 침해 O
  - 기탁금의 목적은 후보자 난립의 저지를 통한 선거관리의 효율성, 불법행위에 대한 제재금의 사전확보 / 그러나 진지한 자세로 입후보하려는 국민의 피선거권을 제한하는 정도여서는 안됨.
  - 2천만원 과다 [평균적인 일반국민의 경제력으로는 손쉽게 조달할 수 있는 금액 ✗]
나. 기탁금 반환기준을 유효투표총수의 100분의 20 : 피선거권 침해 O
다. 비례대표국회의원선거 1인 1표제
  - 비례대표제를 채택하는 한 직접선거의 원칙은 의원의 선출 뿐만 아니라 정당의 비례적인 의석확보도 선거권자의 투표에 의하여 직접 결정될 것을 요구함.
  - 고정명부식은 위헌 ✗ [선거권자가 종국적인 결정권을 가짐]
  - 직접선거원칙 위반 O [정당명부에 대한 별도의 투표가 있어야 함]
  - 평등선거원칙 위반 O [정당소속 후보자와 무소속후보자의 유권자 차별취급]

함께 보는 판례

- 지역구국회의원선거에서 유효투표총수의 100분의 15이상인 경우 선거비용 전액, 100분의 10이상 100분의 15미만인때에는 반액을 보전하는 규정 : 평등권 침해 ✗

033 [2015헌마509] 비례대표 기탁금 1500만원 사건 [헌법불합치, 기각]

- 지역구국회의원 기탁금 1,500만원 : 공무담임권, 평등권 침해 ✘ [후보자의 성실성을 담보할 수 있을 정도의 실질적인 제재수단이 되는 금액에 해당함]
- 비례대표 기탁금 1,500만원 : 정당활동의 자유. 공무담임권 침해 ○ [비례대표는 인물에 대한 선거가 아닌 정당에 대한 선거로서의 성격. 선거의 혼탁이나 과열을 초래할 여지가 지역구국회의원선거보다 훨씬 적음]
- 비례대표 연설 등 금지조항 : 선거운동의 자유, 정당활동의 자유 침해 ✘ [지명도나 연설 및 홍보능력에 기초하여 비례대표후보자 지명할 가능성이 높아짐]
- 문서·인쇄물금지조항 : 선거운동의 자유, 정치적 표현의 자유 침해 ✘ [부당한 경쟁, 경제력 차이에 따른 불균형이라는 폐해 방지]
- 호별방문금지조항 : 정당활동의 자유 침해 ✘ [공개되지 않은 장소에서 불법·부정선거 조장 위험 방지, 유권자의 사생활의 평온]

034 [2016헌마541] 예비후보자 기탁금 반환조항 위헌확인 사건 [헌법불합치]

- 지역구 국회의원 선거 예비후보자의 기탁금 반환 사유로 예비후보자가 당의 공천심사에서 탈락하고 후보자등록을 하지 않았을 경우를 규정하지 않은 공직선거법 조항 : 재산권 침해 ○
  [공천심사 탈락한 예비후보자는 소속 정당에 대한 신뢰·소속감 또는 당선가능성 때문에 본선거 후보자로 등록을 하지 않을 수 있음. 이를 두고 불성실하다고 단정할 수 없음]

035 [2012헌마174] 선거권 연령 제한 사건 [기각]

- 선거권 행사 연령 19세 이상 : 19세미만인 사람의 선거권 및 평등권 침해 ✘
  [보통선거원칙. 선거권 행사는 일정한 수준의 정치적인 판단능력이 전제되어야 함]

036 [2012헌마190] 국회의원선거 선거구를 획정함에 있어 허용되는 인구편차 기준에 관한 사건 [헌법불합치]

- 인구편차 허용기준 : 전국 선거구의 평균 인구수를 기준 / 인구편차 상하 $33\frac{1}{3}$% (인구비례 2:1)
- 선거구구역표는 전체가 불가분의 일체를 이루는 것으로서 어느 한 부분에 위헌적인 요소가 있다면 전체가 위헌

037 [2014헌마189] 시·도의원선거 선거구를 획정함에 있어 허용되는 인구편차 기준에 관한 사건 [기각]

- 시·도 선거구의 평균인구수를 기준 / 도농간의 격차가 있는지에 따라 다른 기준 ✖ / 인구편차 상하 50% (인구비례 3:1)

038 [2014헌마166] 자치구·시·군 의회의원 선거구 획정에서 인구편차 허용기준 사건 [기각]

- 자치구·시·군 내의 선거구들만을 비교하여 판단 / 자치구·시·군 의원 1인당 평균인구수를 기준으로 하여 인구편차 허용한계 검토 / 인구편차 상하 50% (인구비례 3:1)

039 [2016헌마287] 후보자의 명함교부 주체 관련조항 사건 [위헌, 기각]

- 단독으로 명함교부·지지호소를 할 수 있는 주체를 예비후보자의 배우자와 직계존비속으로 한정한 것은 선거운명공동체이므로 평등권 침해 ✖
- 후보자의 배우자가 그와 함께 다니는 사람 중에서 지정한 1명도 명함교부를 할 수 있도록 한 공직선거법 조항 : 평등권 침해 ○

040 [2007헌마1412] 대통령선거경선후보자가 경선과정에서 탈퇴시 후원금 전액을 국고에 귀속하도록 한 정치자금법 사건 [위헌]

- 평등권 침해 ○ [당내경선에 참여하여 낙선한 자와 당내경선에 참가하지 아니하였던 자를 차별 / 비록 경선에 참여하지 아니하고 포기하였다고 하여도 대의민주주의 실현에 중요한 의미를 가지는 정치과정이라는 점을 부인할 수 없음]
- 선거운동의 자유 및 공직선거에 입후보하지 아니할 자유(공직선거과정에서 이탈할 자유) 등 선거의 자유 침해 ○ [후보자로서의 자격을 중도에서 포기할 자유에 대한 중대한 제약]

041 [2013헌가1] 언론인의 선거운동 금지 사건 [위헌]

- 포괄위임금지원칙 위반 ○ ['대통령령으로 정하는 언론인' 외에 대통령령에서 정할 내용의 한계를 설정해 주는 다른 수식어가 없음]
- 선거운동의 자유 침해 ○ [엄격한 심사기준 / 언론인의 선거 개입 내지 편향된 영향력 행사 금지 / 일정범위의 언론인을 대상으로 언론매체를 통한 활동의 측면을 제한하는 것만으로 목적 달성 가능]

제2장 대한민국 헌법총설

042 [2015헌바124] 한국철도공사 상근직원 선거운동 금지 사건 [위헌]

- 선거운동의 자유 침해 ○ [한국철도공사 상근직원의 지위와 권한에 비추어 볼 때 특정 개인이나 정당을 위한 선거운동을 한다고 하여 부작용과 폐해가 일반 사기업 직원의 경우보다 크다고 보기 어려움]

043 [2007헌마1001] 탈법행위에 의한 문서·도화의 배부·게시 등 금지조항에 인터넷이 포함되는 것으로 해석하는 것의 위헌 여부 사건 [한정위헌]

- 선거일전 180일부터 선거일까지 선거에 영향을 미치게 하기 위하여 정당 또는 후보자를 지지·추천하거나 반대하는 내용이 포함되어 있거나 정당의 명칭 또는 후보자의 성명을 나타내는 문서·도화의 배부·게시 등을 금지하고 처벌하는 공직선거법 조항 중 '기타 이와 유사한 것' 부분에 '정보통신망을 이용하여 인터넷 홈페이지 또는 그 게시판·대화방 등에 글이나 동영상 등 정보를 게시하거나 전자우편을 전송하는 방법'이 포함된다고 해석한다면, 과잉금지원칙에 위배하여 정치적 표현의 자유 내지 선거운동의 자유를 침해 ○
[엄격한 심사기준 / 인터넷은 저렴한 비용으로 누구나 손쉽게 접근이 가능, 표현의 쌍방향성 보장]

044 [2017헌바100] 현수막, 그 밖의 광고물 설치·게시, 그 밖의 표시물 착용, 벽보 게시, 인쇄물 배부·게시, 확성장치사용을 금지하는 공직선거법 조항 사건 [헌법불합치,합헌]

가. 일정기간 동안 선거에 영향을 미치게 하기 위한 현수막, 광고물의 설치·게시나 표시물의 착용을 금지하는 시설물설치 등 금지조항은 정치적 표현의 자유 침해 ○
[선거의 공정성은 국민의 정치적 의사를 정확하게 반영하는 선거를 실현하기 위한 수단적 가치이고, 그 자체가 헌법적 목표는 아님. / 정치적 표현에 대하여는 '자유를 원칙으로, 금지를 예외로' 하여야 함. / 선거에서의 균등한 기회 보장, 선거의 공정성 확보라는 목적의 정당성, 수단의 적합성 인정됨. 그러나 선거비용을 제한·보전하거나 과도한 비용을 들인 행위를 제한하는 수단을 통해 충분히 목적 달성 가능]

나. 일정기간 동안 선거에 영향을 미치게 하기 위한 벽보 게시, 인쇄물 배부·게시를 금지하는 인쇄물배부 등 금지조항은 정치적 표현의 자유 침해 ○
[벽보·인쇄물은 투입되는 비용이 상대적으로 적고, 선거비용규제나 금액 제한등을 통해 목적달성 가능]

다. 공개장소에서의 연설·대담장소 또는 대담·토론회장에서 연설·대담·토론용으로 사용하는 경우를 제외하고는 선거운동을 위하여 확성장치를 사용할 수 없도록 한 확성장치 사용 금지조항은 정치적 표현의 자유 침해 ✗
[국민의 건강하고 쾌적한 환경에서 생활할 권리 보장]

045 [2001헌가4] 기초의회의원선거 후보자의 정당표방 금지 사건 [위헌, 각하]

- 정치적 표현의 자유 침해 ○ [유권자들이 후보자들 개개인의 자질과 능력을 일일이 분석·평가하기란 매우 힘든 실정]
- 평등원칙 위반 ○

046 [2010헌마601] 공직선거법상 부재자투표시간 제한 사건 [헌법불합치, 기각, 각하]

- 부재자투표종료시간 오후 4시 : 선거권, 평등권 침해 ✗ [부재자투표의 인계·발송절차가 지연되는 것을 막고 투표관리의 효율성을 제고하고 투표함의 관리위험을 경감하기 위한 것]
- 부재자투표개시시간 오전 10시 : 선거권, 평등권 침해 ○ [일과시간에 학업이나 직장업무를 하여야 하는 경우 투표할 수 없게 되어 사실상 선거권 행사할 수 없는 중대한 제한]

047 [2005헌마772] 해상에 장기 기거하는 선원들을 부재자투표 대상자로 규정하지 않은 사건 [헌법불합치]

- 선거권 침해 ○ [선장의 엄정한 관리 아래 현대적인 과학기술 장비를 효율적으로 활용가능 / 설사 투표절차나 전송 과정에서 비밀이 노출될 우려가 있다 하더라도, 국민주권 원리나 보통선거원칙에 따라 선원들이 선거권을 행사할 수 있도록 충실히 보장하기 위한 불가피한 측면이라 할 수 있음]

제7절 공무원제도

048 [2018헌마222] 교원의 공직선거 및 교육감선거 입후보 시 사직의무 및 선거운동금지 사건 [기각, 각하]

- 공직선거 및 교육감선거 입후보시 선거일 전 90일까지 교원직을 그만두도록 하는 공직선거법조항 : 교원의 공무담임권, 평등권 침해 ✘ [학교가 정치의 장으로 변질되는 것을 막고 학생들의 수학권을 충실히 보장하기 위한 것]
- 공직선거 및 교육감선거에서 교육공무원의 선거운동 금지 조항 : 교육공무원의 선거운동의 자유와 평등권 침해 ✘ [공무원의 정치적 중립성, 교육의 정치적 중립성 확보]

049 [2018헌마551] 교원의 정당 및 정치단체 결성·가입 사건 [위헌, 기각, 각하]

가. 초·중등학교의 교육공무원이 정당의 발기인 및 당원이 될 수 없도록 한 규정
1) 정당가입의 자유 침해 ✘ [국민전체에 대한 봉사자인 공무원의 정치적 중립성 보장, 당파적 이해관계의 영향을 받지 않도록 정치적 중립성 보장]
2) 평등권 침해 ✘ [대학교원과 차별취급 / 직무의 본질이나 근무태양이 다른 점]

나. 초·중등학교의 교육공무원이 정치단체의 결성에 관여하거나 이에 가입하는 행위 금지 규정 : 정치적 표현의 자유 및 결사의 자유 침해 ⭕
1) 재판관 3인의 위헌의견 : '그 밖의 정치단체' 명확성원칙 위반 ⭕ [민주주의 국가에서 국가 구성원의 모든 사회적 활동은 '정치'와 관련됨. '정치단체'와 '비정치단체'를 구별할 수 있는 기준을 도출할 수 없음]
2) 재판관 3인의 위헌의견 : 명확성원칙 위반, 과잉금지원칙 위반 ⭕ [공무원의 정치적 중립성 및 교육의 정치적 중립성과 아무런 관련이 없는 단체의 결성에 관여하거나 가입하는 행위까지 금지]

050 [2006헌마1096] 공무원이 선거운동의 기획에 참여하거나 그 기획의 실시에 관여하는 행위 금지 사건 [헌법불합치]

- 명확성원칙 위반 ✘
- 정치적 표현의 자유 침해 ⭕ [선거의 공정성 확보 및 선거에 대한 부당한 영향력의 행사 기타 선거결과에 영향을 미치는 행위를 금지하여 선거에서의 공무원의 중립의무를 실현하고자 한다면, '지위를 이용하여' 하는 선거운동의 기획행위를 막는 것으로도 충분함]
- 평등권 침해 ⭕ [지위를 이용하지 않고 사적인 지위에서 선거운동의 기획행위를 하는 것까지 금지하는 것은 합리적 차별취급 ✘]

제8절 지방자치제도

051 [2005헌마1190] 제주특별자치도의 설치 및 국제자유도시조성을 위한 특별법안 사건 [기각]

- 헌법상 지방자치제도의 보장은 특정 지방자치단체의 존속을 보장하는 것이 아니며 지방자치단체의 폐지·분합은 헌법적으로 허용될 수 있음 / 일정 지역 내의 지방자치단체인 시·군을 모두 폐지하여 지방자치단체의 중층구조를 단층화하는 것은 입법형성권의 범위에 속함
- 선거권, 피선거권, 평등권 침해 ✖ [새로운 행정수요에 따른 지방행정구조개편이 필요]
- 제주도의 지방자치단체인 시·군을 폐지하는 입법을 위해 제주도 전체의 주민투표를 실시한 것이 폐지되는 지방자치단체의 주민들의 청문권 침해 ✖ [이해관계인에게 고지하고 의견의 진술기회를 부여함으로써 족하며, 입법자가 그 의견에 반드시 구속되는 것은 아님]

052 [2010헌마418] 금고이상의 형을 선고받고 형이 확정되지 않은 지방자치단체장의 권한대행 사건 [헌법불합치]

가. 재판관 5인의 단순위헌 의견
- 무죄추정의 원칙 위반 ⭕ [금고이상의 형이 선고되었다는 사실 자체에 부정적 의미 부여]
- 과잉금지원칙 위반 ⭕, 공무담임권 침해 ⭕ [금고이상의 형을 선고받았더라도 불구속상태에 있는 이상 직무수행에 아무런 지장이 없음]
- 평등권 침해 ⭕ [국회의원과는 달리 자치단체장에게만 직무정지 부과]

나. 재판관 1인의 헌법불합치 의견
- 형을 선고받은 범죄행위로 인하여 공무담임권 위임의 정당성이 무너지거나 공무담임권 위임의 본지를 배반하여 공무를 계속 담당시키기 곤란한 경우인지 여부를 묻지 않고, 그러한 형이 확정되기 전에도 선출된 공무원의 공무담임권을 행사하지 못하게 하는 것은 공무담임권과 무죄추정권이 부당하게 침해당함.

053 [2010헌마474] 공소제기후 구금된 지방자치단체장에 대한 직무정지 사건 [기각]

가. 재판관 4인의 합헌의견 - 공무담임권 침해 ✖
1) 과잉금지원칙 위반 ✖ [신체가 구금되어 정상적이고 시의적절한 직무를 수행하기 어려운 상황에 처한 자치단체장을 직무에서 배제시킴으로써 자치단체장의 원활하고 효율적인 운영을 도모하는 한편 주민의 복리에 초래될 것으로 예상되는 위험을 미연에 방지]
2) 무죄추정의 원칙 위반 ✖ [사회적 비난의 의미가 아닌 구금의 효과로 인함]

3) 평등권 침해 ✘ [국무총리 및 행정각부의 장의 구속시 임면권자가 해당 공직자를 교체함으로써 쉽게 직무배제 가능 / 국회의원의 구속시 합의체 기관인 전체 국회의 원활한 운영에는 큰 지장 없음 / 입원한지 60일 미만의 경우 입·퇴실이 자유롭고 병실에 업무보조인력을 두어 직접 또는 위임의 형태로 업무 수행 가능]

나. 재판관 4인의 합헌의견 – 공무담임권 침해 ✘
1) 과잉금지원칙 위반 ✘ [주민의 복리와 자치단체행정의 정상적인 운영에 위험 초래]
2) 무죄추정의 원칙 위반 ✘ [구속영장발부에 근거한 비난이나 제재가 아닌 자치단체장의 물리적 부재상태로 말미암아 자치단체행정의 원활한 운영에 생길 수 있는 위험을 제거하고 신뢰를 회복]
3) 평등권 침해 ✘ [국무총리, 행정각부의 장은 임명직 공무원으로 비교대상 ✘]

054 [2005헌마403] 지방자치단체 장의 계속 재임 3기 제한 사건 [기각]

- 공무담임권 침해 ✘ 과잉금지원칙 위반 ✘ [장기집권으로 인한 지역발전저해 방지, 유능한 인사의 자치단체장 진출확대]
- 평등권 침해 ✘ [완화심사 / 지방의회의원은 개인의 권한만으로는 지방자치행정에 큰 영향을 미치기 어렵지만 자치단체 장은 독임제 행정기관으로 큰 영향력을 미침. 차별취급에 합리적 이유 있음 / 국회의원은 국민 전체의 이익을 대변한다는 측면에서 비교대상 ✘]
- 선거권 침해 ✘ [후보자 선택에 간접적이고 사실상의 제한에 불과]
- 지방자치제도 침해 ✘

055 [2014헌마797] 지방자치단체의 장 선거에서 후보자가 1인일 경우 무투표 당선을 규정한 공직선거법 조항 위헌확인 사건 [기각]

- 지자체장의 선거권은 헌법상 보장되는 기본권 ○ [주민치제를 본질로 하는 민주적 지방자치제도가 안정적으로 뿌리내린 현 시점에서 하나는 법률상의 권리로, 나머지는 헌법상의 권리로 이원화 하는 것은 허용될 수 없음]
- 선거권 침해 ✘ [선거비용 절감 등 선거제도의 효율성 제고]

056 [98헌마214] 지방자치단체장의 임기중 다른 선거 입후보 금지 사건 [위헌, 기각]

- 공무담임권 침해 ○ [포괄적인 입후보금지규정은 입법목적을 달성하기 위하여 필요한 조치를 넘어 청구인들의 피선거권을 과도하게 제한]

057 [2006헌라6] 행정안전부장관이 서울특별시 자치사무에 대하여 실시한 합동감사(서울시와 정부 간 권한쟁의) 사건 [인용(권한침해)]

- 지방자치단체의 제도보장에는 다른 행정주체(특히 중앙행정기관)로부터 합목적성에 관하여 명령·지시를 받지 않는 권한 포함 O (vs. 감사원은 합목적성 감사 가능)
- 자치권의 본질을 훼손하는 정도에 이른다면 위헌
- 감사에 착수하기 위해서는 특정한 법령위반행위가 확인되었거나 위법행위가 있었으리라는 합리적 의심이 가능한 경우여야 하고, 감사대상을 특정하여야 함 [포괄적·사전적 일반감사나 위법사항을 특정하지 않고 개시하는 감사 또는 법령위반사항을 적발하기 위한 감사는 허용될 수 없음]
- 이 사건 합동감사는 감사개시요건을 전혀 충족하지 못하였음

058 [2020헌라5] 경기도가 남양주시에 대하여 실시한 감사가 남양주시의 지방자치권을 침해하였는지 여부에 관한 사건 [인용(권한침해), 기각]

- 광역지방자치단체가 자치사무에 대한 감사에 착수하기 위해서는 감사대상을 특정하여야 하나, 특정된 감사대상을 사전에 통보할 것까지 요구된다고 볼 수는 없음.
- 자치사무에 대한 무분별한 감사는 지방자치권을 침해할 가능성을 크므로, 원칙적으로 감사 과정에서 사전에 감사대상으로 특정되지 아니한 사항에 관하여 위법사실이 발견되었다고 하더라도 감사대상을 확장하거나 추가하는 것은 허용되지 않음. 다만 당초 특정된 감사대상과 관련성이 인정되는 것으로서 당해 절차에서 함께 감사를 진행하더라도 감사대상 지방자치단체가 절차적인 불이익을 받을 우려가 없고, 해당 감사대상을 적발하기 위한 목적으로 감사가 진행된 것으로 볼 수 없는 사항에 대하여는 감사대상의 확장 내지 추가가 허용됨.

059 [2004헌마643] 주민등록을 할 수 없는 국내거주 재외국민에 대한 주민투표권 제외 사건 [헌법불합치, 각하]

- 주민투표권의 기본권성 부정. 비교집단 상호간 차별이 존재할 경우 평등권심사 허용.
- 주민투표권 행사를 위한 요건으로 주민등록을 요구하는 조항 : 국내거주 재외국민의 평등권 침해 O

060 [2007헌마843] 주민소환제도 사건 [기각]

- 법률에 의하여 직접민주제를 도입하는 경우 기본적으로 대의제와 조화를 이루어야 하고, 대의제의 본질적인 요소나 근본적인 취지를 부정하여서는 안됨
- 주민소환은 직접민주제 원리에 충실한 제도 / 주민소환제를 정치적인 절차로 설계할지 사법적인 절차로 설계할지는 입법자가 정책적으로 결정할 사항 / 주민소환 청구사유를 두지 않은 것은 입법자가 주민소환을 기본적으로 정치적인 절차로 설정한 것
- 주민소환제 자체는 지방자치의 본질적인 내용 ✘
- 주민소환의 청구사유에 아무런 규정을 두지 않은 주민소환법 : 공무담임권 침해 ✘
  [주민소환제는 대표자에 대한 신임을 묻는 것으로 그 속성이 재선거와 같음]
- 당해 지자체 주민소환투표청구권자 총수의 15% 이상 주민들만의 서명으로 당해 지자체장에 대한 주민소환투표청구 가능조항 : 공무담임권 침해 ✘
- 주민소환투표의 청구제한기간을 정함에 있어 "제12조 제1항에 의하여 주민소환투표가 적법하다고 인정하여 수리한 때"를 규정하지 아니한 법 제8조가 이미 적법하게 수리된 주민소환투표청구가 있음에도 불구하고 동일한 사유에 의한 주민소환투표청구를 재차 허용 : 공무담임권 침해 ✘
- 주민소환투표의 청구를 위한 서명요청 활동을 보장하면서 주민소환투표대상자에 대하여는 아무런 반대활동을 보장하지 아니한 조항 : 공무담임권 침해 ✘
- 주민소환투표가 발의되어 공고되었다는 이유만으로 곧바로 주민소환투표대상자의 권한행사를 정지되도록 한 조항 : 공무담임권, 평등권 침해 ✘ [권한행사 정지기간은 통상 2-30일 비교적 단기간]
- 주민소환투표권자 총수의 3분의 1 이상의 투표와 유효투표 총수 과반수의 찬성만으로 주민소환이 확정되도록 한 조항 : 공무담임권, 평등권 침해 ✘

061 [2010헌바368] 주민소환투표청구를 위한 서명요청 활동 제한 규정 사건 [합헌]

- 주민소환투표청구를 위한 서명요청 활동을 '소환청구인서명부를 제시'하거나 '구두로 주민소환투표의 취지나 이유를 설명하는' 두 가지 경우로만 엄격히 제한하고 이에 위반할 경우 형사처벌하는 조항 : 표현의 자유 침해 ✘ [주민소환투표청구가 정치적으로 악용·남용되는 것 방지, 흑색선전이나 금품살포와 같은 부정행위 방지, 주민소환투표청구권자의 진정한 의사왜곡 방지]

062 [2012헌라1] 서울특별시 학생 인권 조례 재의요구 철회 사건 [기각]

- 교육감의 재의요구 권한과 교육부장관의 재의요구 요청권한은 중복하여 행사될 수 있는 별개의 독립된 권한 / 조례안에 대한 교육감의 재의요구 권한은 조건부의 정지적인 권한에 지나지 않으므로, 시·도의회 의결전에는 언제든지 재의요구 철회 가능
  : 교육·학예에 관한 시·도의회의 의결사항에 대하여 서울특별시교육감이 재의요구를 하였다가 철회한 것은 교육부장관의 재의요구 요청권한 침해 ✖
- 서울특별시교육감이 조례안 재의요구를 철회하자, 조례안을 이송 받고 20일이 경과한 이후 교육부장관이 조례안 재의요구 요청을 한 경우, 서울특별시교육감이 재의요구를 하지 않은 부작위, 서울특별시교육감이 조례를 공포한 행위가 교육부장관의 재의요구 요청권한 침해 ✖

제3편
통치구조

제1장 통치구조의 구성원리

제2장 국 회

제3장 대통령과 정부

제4장 법 원

제4판
SIGNATURE
헌법 판례 ❸ 요약 키워드 NOTE

제1장 통치구조의 구성원리

제1절 대의제의 원리

001 [96헌마186] 국회구성권 침해 위헌확인 사건 [각하]

- 헌법의 기본원리인 대의제 민주주의하에서 국회의원 선거권이란 것은 국회의원을 보통·평등·직접·비밀선거에 의하여 국민의 대표자인 국회의원을 선출하는 권리에 그치고, 개별 유권자 혹은 집단으로서의 국민의 의사를 선출된 국회의원이 그대로 대리하여 줄 것을 요구할 수 있는 권리까지 포함하는 것은 아님.
- "국회구성권"이란 유권자가 설정한 국회의석분포에 국회의원들을 기속시키고자 하는 것이고, 이러한 내용의 "국회구성권"이라는 것은 오늘날 이해되고 있는 대의제도의 본질에 반하는 것이므로 헌법상 인정될 여지가 없음.

002 [2002헌라1] 국회의장의 김홍신 의원에 대한 사·보임행위 사건 [기각]

가. 적법요건에 대한 판단
1) 당사자능력 – 국회의장 O, 국회의원 O
2) 권한쟁의심판의 대상 – 이 사건 사보임 결재행위는 헌법재판소가 심사할 수 없는 국회내부의 자율에 관한 문제 ✘ / 사보임결재행위는 청구인의 상임위원 신분의 변경을 가져온 권한쟁의심판의 대상이 되는 처분 O
3) 헌법 또는 법률에 의하여 부여받은 권한의 침해가능성 – 법률안 심의·표결권
4) 권리보호이익 소멸하였으나 헌법적 해명의 필요성 O – 심판이익 O

나. 본안 판단
1) 국회의원의 법률안 심의·표결 권한
2) 위원회제도의 의의와 구성방법 – 교섭단체(원내의 정당 또는 정파). 정당기속 강화하는 수단. 원내 행동통일 / 상임위원회(위원회 중심주의) / 국회법 제48조 제1항에 따라 교섭단체 소속의원수의 비율에 의해 교섭단체 대표의원의 요청으로 의장이 선임 및 개선
3) 국회의장의 직무
4) 이 사건 사보임행위에 대한 평가 – 정당국가적 민주주의 경향 / 자유위임은 의원이 정당과 교섭단체의 지시에 기속되는 것을 배제하는 근거 ✘. 의원이 정당기속 내지는 당론에 위반하는 정치활동을 한 이유로 제재를 받는 경우 국회의원신분을 상실

하게 할 수는 없으나 "정당내부의 사실상 강제" 또는 "정당으로부터의 제명"은 가능함. 사보임조치는 "정당내부의 사실상 강제"의 범위에 해당함.
5) 권한침해 ✘

003 [2019헌라1] 사개특위 위원 개선 사건 [기각]

- 피청구인 국회의장이 2019. 4. 25. 사법개혁 특별위원회(이하 '사개특위'라 한다)의 바른미래당 소속 위원을 청구인 국회의원 오신환에서 국회의원 채이배로 개선한 행위(이하 '이 사건 개선행위'라 한다)가 청구인의 법률안 심의·표결권을 침해하는지 여부 및 이 사건 개선행위가 무효인지 여부(소극)
- 국회 내 자유위임원칙이 언제나 최우선으로 고려되어야 하는 것은 아님 / 자유위임원칙이 개별 국회의원이 국회 내부에서 구체적으로 어떠한 직무를 담당하는 것까지 보장하는 원리는 아님.
- '당론'은 정당기속의 한 예시에 불과함.
- 국회법 제48조 제6항은 '선임 또는 개선된 임시회의 회기 중'에는 개선이 금지되었다가, 해당 회기가 종료되면 그 이후에는 폐회중에는 물론 다시 임시회가 개시되더라도 개선이 가능해짐.

004 [2009헌마350] 비례대표국회의원후보자명부에 의한 승계원칙의 예외를 규정한 공직선거법 사건 [위헌]

- 대의제 민주주의 원리 및 자기책임의 원리 위반 ○ [그 정당에 비례대표국회의원의석을 할당받도록 한 선거권자들의 정치적 의사표명을 무시하고 왜곡하는 결과]
- 차순위후보자의 공무담임권 침해 ○ [차순위 후보자의 귀책사유에서 비롯된 것이 아니라 당선이 무효로 된 비례대표국회의원 당선인의 선거범죄에서 비롯된 것]

005 [2008헌마413] 임기만료일 전 180일 이내에 비례대표국회의원에 궐원이 생긴 때를 비례대표국회의원 의석승계 제한사유로 규정한 공직선거법 사건 [헌법불합치]

- 대의제 민주주의 원리 위반 ○ [선거권자들의 정치적 의사표명 무시하고 왜곡]
- 차순위후보자의 공무담임권 침해 ○ [임기의 1/8정도에 해당하는 180일은 결코 짧지 않은 기간]

제2절 권력분립의 원리

006 [90헌마28] 지방의회의원과 농협 등 조합장의 겸직금지 사건 [위헌, 기각]

- 권력분립의 원리는 인적인 측면에서도 입법과 행정의 분리를 요청. 만일 행정공무원이 지방입법기관에서라도 입법에 참여한다면 권력분립의 원칙에 배치됨. 공무원은 지방의회의원의 입후보제한이나 겸직금지가 필요. 그러나 어느 특정계층의 자조적 협동체의 임원에 그치는 조합장에게 같은 필요는 없음.
- 농업협동조합의 조합장 등의 지방의원 겸직금지 조항은 기본권 침해 O
- 농지개량조합은 공법인.

007 [2009헌바123] 구 조세감면규제법 부칙 제23조 위헌소원 사건 [한정위헌]

- 한정위헌청구는 원칙적 적법.
- 기존에는 존재하였으나 실효되어 더 이상 존재한다고 볼 수 없는 법률조항을 여전히 '유효한' 것으로 해석한다면, 이는 법률해석의 한계를 벗어나 '법률의 부존재'로 말미암아 형벌의 부과나 과세의 근거가 될 수 없는 것을 법률해석을 통하여 창설해 내는 일종의 '입법행위'로서 헌법상의 권력분립원칙, 죄형법정주의, 조세법률주의의 원칙에 반함.
- 구 조세감면규제법(1990. 12. 31. 법률 제4285호) 부칙 제23조가 구 조세감면규제법(1993. 12. 31. 법률 제4666호로 전부 개정된 것, 이하 '이 사건 전부개정법'이라 한다)의 시행에도 불구하고 실효되지 않은 것으로 해석하는 것이 헌법상의 권력분립원칙과 조세법률주의의 원칙에 위배되어 헌법에 위반됨.

008 [95헌가5] 궐석재판, 전재산 몰수형 등을 규정한 반국가행위자의처벌에관한특별조치법 사건 [위헌]

- 법관으로 하여금 최초의 공판기일에 공소사실과 검사의 의견만을 듣고 형을 선고하도록 규정한 조항의 권력분립원칙 위반 O
- 변호인 또는 보조인은 궐석한 피고인을 변호하기 위하여 출석할 수 없다는 규정의 위헌 O
- 피고인이 검사의 소환에 2회 이상 불응한 때에는 전 재산의 몰수형을 병과한다고 규정한 특조법 제8조의 전재산 몰수형의 적법절차 및 과잉금지원칙 위반 O, 연좌제금지 위반 O

009 [2003헌마841] 연합뉴스를 국가기간뉴스통신사로 지정한 사건 [기각]

- 처분적 법률 O / 개인대상 또는 개별사건법률에 해당한다고 하여 그것만으로 바로 헌법에 위반되는 것은 아님.
- 경업자인 청구인의 평등권 침해 ✗ [정보주권의 수호, 국민간의 정보격차 해소, 국가이익보호와 국가의 홍보역량 강화]
- 경쟁의 자유 침해 ✗

제2장 국 회

010 [2015헌라1] 국회선진화법 사건 [각하]

- 국회법 개정행위에 대한 국회의장 및 기재위 위원장에 대한 심판청구는 부적법 (국회가 피청구인 적격을 가짐)
- 기재위 위원장이 서비스산업발전 기본법안에 대한 신속처리대상안건 지정 요청에 대해 기재위 재적위원 과반수가 서명한 신속처리안건지정동의가 아니라는 이유로 표결실시를 거부한 행위(이하 '이 사건 표결실시 거부행위'라 한다)에 대한 심판청구가 소속 위원의 신속처리안건지정동의에 대한 표결권을 침해하거나 침해할 위험성이 있는지 여부(소극)
- 국회법 제85조 제1항의 직권상정권한은 비상적·예외적 의사절차. 직권상정권한을 제한할 뿐 국회의원의 심의·표결권을 제한하지 않음. 침해가능성 ✗
- 국회 재적 과반수가 심사기간 지정을 요청하는 경우 국회의장이 의무적으로 심사기간을 지정하도록 규정하지 아니한 입법부작위는 진정입법부작위에 해당 / 입법의무 ✗

011 [2008헌라7] 한미FTA 비준동의안에 관한 권한쟁의 사건 [인용(권한침해), 기각, 각하]

- 국회 상임위 위원장이 위원회를 대표해서 의안을 심의하는 권한은 국회의장으로부터 위임된것 ✗. 국회의장의 피청구인적격 ✗
- 국회 상임위원회 위원장이 위원회 전체회의 개의 직전부터 회의가 종료될 때까지 회의장 출입문을 폐쇄하여 회의의 주체인 소수당 소속 상임위원회 위원들의 출입을 봉쇄한 상태에서 상임위원회 전체회의를 개의하여 안건을 상정한 행위 및 소위원회로 안건심사를 회부한 행위가 회의에 참석하지 못한 소수당 소속 상임위원회 위원들의 조약비준동의안에 대한 심의권을 침해 O (다수결의 원리 위반, 의사공개의 원칙 위반) / 무효 ✗

012 [2018헌마1162] 정보위원회 회의를 비공개하도록 규정한 국회법 조항에 관한 사건 [각하, 위헌]

- 헌법 제50조 제1항의 의사공개의 원칙 / 일체의 공개를 불허하는 절대적인 비공개는 허용되지 않음 / 공개의 여지를 차단하는 것은 헌법 제50조 제1항에 부합하지 않음
- 정보위원회 회의는 공개하지 않는다고 규정한 조항은 의사공개원칙에 위반되어 알 권리 침해 O [국가의 안전보장과 무관하다고 인정한 경우에도 회의를 공개할 수 없어서 국민의 감시와 견제는 사실상 불가능하게 됨]

013 [98헌마55] 금융소득에 대한 분리과세제도 사건 [기각]

- 조세 평등주의 : 응능부담의 원칙. 수평적 조세정의, 수직적 조세정의
- 수평적 조세정의로부터 반드시 누진세율을 도입할것까지 요구하는 것은 아님 / 헌법 제119조 제2항은 "적정한 소득의 분배"를 들고 있지만 이로부터 누진세율에 따른 과세를 해야할 구체적인 헌법적 의무가 부과되는 것은 아님.

014 [2009헌라8] 미디어법 등 관련 권한쟁의 사건 [인용(권한침해),기각,각하]

- 국회부의장은 국회의장을 직무를 대리하여 법률안을 가결선포할 수 있을 뿐 법적 책임을 지는 주체가 아니므로 국회부의장에 대한 심판청구는 피청구인 적격 ✗
- 국회의원의 법률안 심의·표결권 포기 불가
- 의사진행을 방해하거나 다른 국회의원들의 투표를 방해한 국회의원이 자신의 심의·표결권이 침해되었음을 주장하여 국회의장을 상대로 권한쟁의심판청구하더라도 소권의 남용 ✗

015 [2019헌라6] 국회의장의 무제한토론 거부행위와 공직선거법 본회의 수정안의 가결선포행위에 관한 권한쟁의 사건 [기각]

- 정당의 권한쟁의심판 당사자능력 ✗ [정당은 국민의 자발적 조직. 법적 성격은 사적·정치적 결사 내지는 법인격 없는 사단 O. 국가기관의 지위 ✗]
- 교섭단체의 권한쟁의심판 당사자능력 ✗ [국회의원의 권한쟁의심판으로 해결 가능]
- '회기결정의 건'은 무제한 토론 대상 ✗ [무제한토론이 회기결정의 건 처리 자체를 봉쇄하는 결과가 초래]
- 수정동의는 원안 또는 위원회에서 심사보고한 안의 취지 및 내용과 직접 관련이 있어야 / 이는 '원안에서 개정하고자 하는 조문에 관한 추가, 삭제 또는 변경으로서, 원안에 대한 위원회의 심사절차에서 수정안의 내용까지 심사할 수 있었는지 여부'를 기준으로 판단

016 [2004헌나1] 노무현 대통령 탄핵심판 [기각]

- 국회의 탄핵소추절차에는 적법절차원칙 적용 ✗
- '직무란 '대통령의 지위에서 국정수행과 관련하여 행하는 모든 행위' 포괄. 기자회견에 응하는 행위 모두 포함.

- '헌법'에는 헌법규정 + 불문헌법, '법률'에는 이와 동등한 효력을 가지는 것 포함
- 대통령은 공선법 제9조의 공무원에 포함 / 기자회견에서 특정정당을 지지한 대통령의 발언은 공무원의 정치적 중립의무 위반
- 헌법 제69조는 단순히 대통령의 취임선서의무만을 규정한 것이 아니라 헌법적 책무를 구체화하고 강조하는 실체적 내용을 지닌 규정 / 위헌적인 법률을 제거하는 권한은 헌법재판소에 부여되어있으므로, 행정부는 위헌의심이 있다 하더라도 위헌성이 확인될때까지는 법을 존중하고 집행하기 위한 모든 노력을 기울여야 함.
- 헌법 제72조 국민투표의 대상인 '중요정책'에는 대통령에 대한 '국민의 신임'이 포함되지 않음 / 재신임 국민투표를 제안만 하였을 뿐 강행하지 않았더라도 그 자체로서 헌법 제72조 위반.
- 국회의 해임건의는 대통령을 기속하는 해임결의권 ✘. 법적 구속력 없는 단순한 해임건의에 불과.
- 대통령의 '직책을 성실히 수행할 의무'는 헌법적 의무에 해당하나 규범적으로 이행이 관철될 수 있는 성격의 의무가 아니므로 원칙적으로 사법적 판단의 대상 ✘
- '탄핵심판청구가 이유가 있는 때'란 모든 법위반의 경우가 아니라, 공직자의 파면을 정당화할 정도로 '중대한' 법 위반의 경우를 의미.

017 [2016헌나1] 박근혜 대통령 탄핵심판 [인용(파면)]

- 소추사유는 다른 소추사유와 명백하게 구분할 수 있을 정도로 기재되면 충분.
- 탄핵소추안을 소추사유별로 나누어 발의할 것인지, 하나의 안으로 발의할 것인지는 의원들의 자유로운 의사에 달림.
- 8인 재판관에 의한 탄핵심판 결정 가능
- 대통령의 생명권 보호의무 있음. 하지만 직접 구조 활동에 참여하여야 하는 등 구체적이고 특정한 행위의무까지 발생 ✘

018 [91도3317] 국회의원 유성환의 국시론 사건

- 면책특권의 대상이 되는 행위는 직무상의 발언과 표결이라는 의사표현행위 자체에 국한되지 않고 통상적으로 부수하여 행해지는 행위까지 포함 O
- 피고인이 배포한 원고의 내용이 공개회의에서 행할 발언내용이고(회의의 공개성), 원고의 배포시기가 당초 발언하기로 예정된 회의시작 30분 전으로 근접되어 있으며(시간적 근접성), 원고배포의 장소 및 대상이 국회의사당 내에 위치한 기자실에서 국회출입 기자들만을 상대로 한정적으로 이루어졌고(장소 및 대상의 한정성), 원고배포의 목적이 보도의 편의를 위한 것이라는(목적의 정당성) 등의 사실을 인정한 후 이와 같은 사실을

종합하여 피고인이 국회 본회의에서 질문한 원고를 위와 같이 사전에 배포한 행위는 국회의원의 면책특권의 대상이 되는 직무부수행위에 해당한다.
- 면책특권에 해당하는 경우 검사는 공소를 제기할 수 없으며, 이에 반해 공소가 제기된 것은 형소법 제327조 제2호 사유에 해당. 공소기각판결

019 [2009도14442] 국회의원 노회찬의 안기부 X파일 사건

- 국회의원인 피고인이, 구 국가안전기획부 내 정보수집팀이 대기업 고위관계자와 중앙일간지 사주 간의 사적 대화를 불법 녹음한 자료를 입수한 후 그 대화 내용과, 전직 검찰간부인 피해자가 위 대기업으로부터 이른바 떡값 명목의 금품을 수수하였다는 내용이 게재된 보도자료를 작성하여 국회 법제사법위원회 개의 당일 국회 의원회관에서 기자들에게 배포한 사안에서, 피고인이 국회 법제사법위원회에서 발언할 내용이 담긴 위 보도자료를 사전에 배포한 행위는 국회의원 면책특권의 대상이 되는 직무부수행위에 해당.

020 [2005다57752] 면책특권의 한계

- 발언 내용 자체에 의하더라도 직무와는 아무런 관련이 없음이 분명하거나, 명백히 허위임을 알면서도 허위의 사실을 적시하여 타인의 명예를 훼손하는 경우 등까지 면책특권의 대상이 될 수는 없지만, 발언 내용이 허위라는 점을 인식하지 못하였다면 비록 발언 내용에 다소 근거가 부족하거나 진위 여부를 확인하기 위한 조사를 제대로 하지 않았다고 하더라도, 그것이 직무 수행의 일환으로 이루어진 것인 이상 이는 면책특권의 대상이 된다.

제3장 대통령과 정부

| 불소추특권 |

| 통치행위 |

021 [93헌마186] 금융실명제 사건 [기각, 각하]

가. 적법요건의 판단
1) 통치행위란 고도의 정치적 결단에 의한 국가행위로서 사법적 심사의 대상으로 삼기에 적절하지 못한 행위. 긴급재정경제명령은 통치행위에 해당
2) 통치행위라 하더라도 국민의 기본권 침해와 직접 관련되는 경우 헌법재판소의 심판대상이 됨.
3) 국회에게 대통령의 헌법 등 위배행위가 있을 경우에 탄핵소추의결을 하여야 할 헌법상의 작위의무가 있다거나 국민에게 탄핵소추의결을 청구할 헌법상 기본권이 있다 할 수 없음

나. 위헌 여부에 관한 판단
1) 긴급재정경제명령이 헌법 76조 소정의 요건과 한계에 부합하는 것이라면 그 자체로 목적의 정당성, 수단의 적정성, 피해의 최소성, 법익의 균형성이라는 과잉금지원칙을 준수하는 것이 됨
2) 긴급명령 요건의 구비 여부 : 중대한 재정·경제상의 위기가 현실적으로 발생(사전적·예방적으로 ✕), 국회집회가 불가능, 사후적으로 수습함으로써 기존질서 유지·회복(공공복리의 증진과 같은 적극적 목적 ✕), 위기의 직접적 원인의 제거에 필수불가결한 최소의 한도 내에서 헌법이 정한 절차에 따라 행사되어야 함 / 긴급재정경제명령을 발할 수 있는 중대한 재정·경제상 위기 상황유무에 관한 제1차적 판단은 대통령의 재량에 속하지만, 대통령의 주관적 확신만으로 좋다는 의미는 아니므로 객관적으로 위기상황이 존재하여야 함.

022 [2016헌마364] 개성공단 전면중단 조치에 관한 위헌소원 사건 [기각, 각하]

가. 적법요건에 대한 판단
1) 이 사건 중단조치는 피청구인들이 투자기업인 청구인들에 대한 우월적 지위에서 일방적으로 행한 권력적 사실행위로서 공권력의 행사에 해당함.

2) 이 사건 중단조치로 인하여 다른 집행행위의 매개 없이 직접 그리고 현재 개성공단 내에서 협력사업 활동이 제한되고 있으므로, 자기관련성, 직접성 및 현재성 인정됨.
　　3) 청구인들로서는 헌법소원심판을 청구하는 외에 달리 개성공단 전면 중단조치를 직접 다툴 수 있는 효과적인 구제방법이 있다고 보기 어려우므로 보충성 인정됨.
　　4) 개성공단중단 상태가 현재까지 지속되고 있으므로 권리보호이익 있음.
　　5) 이 사건 중단조치가 북한의 핵무기 개발로 인한 위기에 대처하기 위한 조치로서 국가안보와 관련된 대통령의 의사 결정을 포함하고 그러한 의사 결정이 고도의 정치적 결단을 요하는 문제이기는 하나, 그 의사 결정에 따른 조치 결과 투자기업인 청구인들의 영업의 자유 등 기본권에 제한이 발생하였으므로 사법심사가 배제되지 않음.

나. 개성공단 전면중단 조치가 헌법과 법률에 근거한 조치인지 여부(적극)
　　남북교류협력법, 대통령의 국가의 계속성 보장 책무, 행정에 대한 지휘·감독권 등을 규정한 헌법 제66조, 정부조직법 제11조 등이 근거가 될 수 있음.

다. 적법절차 원칙을 위반하여 영업의 자유와 재산권을 침해하는지 여부(소극)
　　[안보정책이 가지는 긴급성, 기밀성 등의 특성으로 인해 국무회의 심의보다 다른 헌법상 기구인 국가안전보장회의가 더 효율적이고 적절한 의사 결정의 경로를 제공할 수 있음.]

라. 과잉금지원칙을 위반하여 영업의 자유와 재산권을 침해하는지 여부(소극)
　　1) 심사기준 – 대통령의 정치적 결정이 국민의 기본권 침해와 직접 관련이 되어 사법심사의 대상이 되는 경우라도 이에 대한 사법심사는 정책판단이 명백하게 재량의 한계를 유월(逾越)하거나 선택된 정책이 현저히 합리성을 결여한 것인지를 살피는 데 한정되어야 함
　　2) 위반여부 – 북한 핵무기 개발에 대한 경제제재조치를 실행함으로써 강력한 국제적 공조 유지, 종국적으로 한반도와 세계평화에 기여함을 목적으로 함. / 북한의 핵 개발에 맞서 개성공단의 운영 중단이라는 경제적 제재조치를 통해, 대한민국의 존립과 안전 및 계속성을 보장할 필요가 있다는 피청구인 대통령의 판단이 명백히 잘못된 것이라 보기 어려움.

마. 신뢰보호원칙을 위반하여 영업의 자유와 재산권을 침해하는지 여부(소극)

바. 헌법 제23조 제3항을 위반하여 재산권을 침해하는지 여부(소극)
　　이 사건 중단조치에 의해 개별적, 구체적으로 이미 형성된 구체적 재산권이 공익목적을 위해 제한되는 공용 제한이 발생한 것이 아니고, 개성공단에서 영업을 계속하지 못하여 발생한 영업 손실이나 주식 등 권리의 가치 하락은 헌법 제23조의 재산권 보장의 범위에 속하지 않음.

023 [2003헌마814] 일반사병 이라크파병 위헌확인 사건 [각하]

- 국가안전보장회의는 대통령의 자문기관에 불과할뿐 국군과 외국에의 파견이라는 공권력행사의 주체 ✗ / 국가기관의 내부의 의사결정에 불과
- 파병결정은 통치행위 + 사법심사 자제

024 [2007헌마369] 2007년 전시증원연습 사건 [각하]

- 새삼 국방에 관련되는 고도의 정치적 결단에 해당하여 사법심사를 자제하여야 하는 통치행위에 해당된다고 보기 어려움
- 헌법에 열거되지 아니한 기본권 인정 요건 : 그 필요성이 특별히 인정되고, 그 권리내용(보호영역)이 비교적 명확하여 구체적 기본권으로서의 실체 즉, 권리내용을 규범 상대방에게 요구할 힘이 있고 그 실현이 방해되는 경우 재판에 의하여 그 실현을 보장받을 수 있는 구체적 권리로서의 실질에 부합하여야 할 것.
- 평화적 생존권은 기본권 ✕

| 국가긴급권 |

025 [2010헌바70] 긴급조치 제1호 등 사건 [위헌]

- 위헌법률심판의 대상은 형식적 의미의 법률 + 법률과 동일한 효력을 갖는 규범 / 그 규범의 명칭이나 형식에 구애받지 않고 법률적 효력의 유무에 따라 판단
- 유신헌법에 근거한 긴급조치 : 최소한 법률과 동일한 효력. 위헌여부 심사권한도 헌법재판소에 전속
- 위헌심사 준거규범은 오로지 현행헌법 뿐
- 대법원에 의해 긴급조치 제1호 위반의 점에 대해 무죄판결을 선고받았다면 원칙적으로 재판의 전제성 없음 / 그러나 객관적인 헌법질서의 수호·유지 및 당사자의 권리구제를 위해 심판의 필요성 인정. 재판의 전제성 인정.
- 유죄판결에서 처벌의 근거가 된 조항은 원칙적으로 '재심의 청구에 대한 심판', 즉 재심 개시 여부를 결정하는 재판에서는 재판의 전제성 인정 ✕ / 재심의 개시 결정 이후의 '본안사건에 대한 심판'에 있어서만 재판의 전제성 인정 ○

함께 보는 판례

- 법률이 입법사항을 고시 등의 형식으로도 위임 가능
- 시행령의 규정 내용이 정당한 것인지 여부와 위임의 적법성은 직접적인 관계가 없음
- 사면에 관한 사항을 법률에 위임하고 있는 헌법 제79조 제3항은 광범위한 입법재량 내지 형성의 자유를 부여한 것
- 징역형의 집행유예에 대한 사면이 병과된 벌금형에도 미치는지 여부는 사면의 내용에 대한 해석의 문제에 불과.

| 위임입법 |

| 사면권 |

| 국민투표제도 |

| 국무총리 |

026 [89헌마221] 국가안전기획부의 설치근거와 그 직무범위를 규정한 정부조직법 사건 [합헌, 각하]

- 제청신청을 법원이 각하 또는 기각하였을때 68조 2항 헌법소원심판청구 가능
- 청구인이 제기한 헌재법 68조 1항 헌법소원심판과 68조 2항 헌법소원심판은 기본적으로 동일한 사건들이지만 심판청구요건 및 대상이 달라 중복제소가 아님
- 국무총리는 대통령의 첫째 가는 보좌기관으로서 행정에 관하여 독자적인 권한을 가지지 못하고 대통령의 명을 받아 행정각부를 통할하는 기관으로서의 지위만을 가지며, 행정권 행사에 대한 최후의 결정권자는 대통령. 국무총리의 통할을 받는 행정각부에 모든 행정기관이 포함된다고 볼 수 없음.
- 성질상 정부의 구성단위인 중앙행정기관이라 할지라도, 법률상 기관의 장이 국무위원이 아니라든가, 국무위원이라 하더라도 부령발령권이 없으면 실정법적 의미의 행정각부 ✘ / 모든 중앙행정기관이 헌법 86조 2항의 행정각부는 아님.
- 대통령직속의 헌법기관을 설치할 수 없다든가 또는 반드시 국무총리의 통할을 받아야 한다고 말할 수 없음.
- 국가안전기획부법 합헌

제4장 법 원

027 [93헌바60] 작량감경을 하여도 집행유예를 선고할 수 없도록 법정형을 정한 강도상해죄 사건 [합헌]

- 법정형의 내용에 관한 입법재량
- 강도상해죄의 하한을 살인죄의 그것보다 중하게 하였다 하여 바로 합리성과 비례성 위반 ✖
- 작량감경을 하여도 집행유예를 선고할 수 없도록 법정형을 정한것이 법관의 양형판단재량권을 과도하게 제한 ✖

028 [2015헌바331] 판사의 근무성적평정과 연임 결격 사건 [합헌]

- 포괄위임금지원칙은 대법원 규칙인 경우에도 수권법률에서 이를 준수하여야 함.
- '근무성적이 현저히 불량' 명확성원칙 위반 ✖
- 사법권의 독립 침해 ✖ [직무를 제대로 수행하지 못하는 판사를 직에서 배제하여 사법부 조직의 효율성 유지 / 근무성적 평가는 10년이라는 장기간 동안 반복적으로 실시되어 누적]

029 [2009헌바34] 법관징계법 위헌소원 사건 [합헌]

- '품위 손상', '위신 실추'의 명확성 원칙 위반 ✖ / 과잉금지원칙 위반 ✖
- 법관에 대한 징계를 단심제로 정한 규정 : 재판청구권 침해 ✖ [법관에 대한 징계는 신속히 종결할 필요, 준사법절차인 법관징계위원회 심의·결정, 대법원에 의한 사실확정 기회 박탈 ✖] / 평등권 침해 ✖ [법관과 다른 전문직종사자와 차별취급에 합리적 근거 존재]

함께 보는 판례

- 법관의 정년을 규정한 법원조직법 조항의 평등권 침해 ✖ [정년차등규정은 업무의 성격과 특수성, 평균수명, 조직체 내의 질서 등을 고려] / 직업선택의 자유 침해 ✖ [사법인력의 신진대사 촉진] / 법관의 신분보장 규정 위반 ✖ [법관정년제 자체는 헌법규정에 대한 위헌주장이므로 위헌판단의 대상 ✖ / 헌법 제106조 신분보장은 제105조 제4항 법관정년제 규정과 조화롭게 해석하여야 함]

제4편
헌법재판론

제1장 헌법재판제도 일반이론

제2장 개별심판절차

제4판
SIGNATURE
헌법 판례 ❸ 요약 키워드 NOTE

제1장 헌법재판제도 일반이론

| 재판관의 제척·기피·회피 |

001 [2015헌마902] 재판관 기피 제한 사건 [기각]

- 동일한 사건에 대하여 2명 이상 재판관 기피 금지. 공정한 헌법재판을 받을 권리 침해 ✗ [심리정족수 부족으로 인한 심판기능 중단사태 방지]

| 가처분 |

002 [2000헌사471] 사법시험 4회 응시자에 대한 4년간 응시제한 가처분 사건 [인용]

- 헌법재판소법은 정당해산심판(57조), 권한쟁의심판(65조)에만 가처분 규정을 두고 있으나, 68조 1항 헌법소원심판에서도 가처분이 허용됨
- 헌재법 40조 1항에 따라 준용되는 행소법 23조 2항 집행정지와 민집법 300조의 가처분 규정에 비추어 볼때, ① 회복하기 어려운 손해예방의 필요, ② 긴급한 필요, ③ 본안심판이 부적법하거나 이유없음이 명백하지 않을 것, ④ 비교형량
- 가처분 인용 O.

003 [2018헌사242] 변호사시험 합격자 명단 공고 가처분 사건 [인용]

- 가처분 인용 O [① 사전심사를 거쳐 전원재판부에 계속중이므로 명백히 부적법 ✗, 개인정보자기결정권을 침해하는지 여부는 본안심판에서 심리를 거쳐 판단될 필요 있음 ② 합격자명단 공개시 널리 알려지게 되므로 이를 다시 비공개로 돌리는 것은 불가능하고, 이로써 신청인들은 회복하기 어려운 중대한 손해를 입을 수 있음 ③ 발표예정일이 임박하였으므로 손해를 방지할 긴급한 필요 ④ 가처분 인용하더라도 종국결정 기각되면 그때 비로소 서명을 추가공고하면 됨, 반면 가처분 기각 뒤 본안청구 인용시 불이익은 더 큼]

| 위헌결정의 기속력 |

004 [2006헌마1098] 시각장애인에 대하여만 안마사 자격인정을 받을 수 있도록 하는 이른바 비맹제외기준을 설정하고 있는 구 의료법 조항 사건 [기각]

- 입법자인 국회에게 기속력이 미치는지 여부, 결정주문 뿐만 아니라 결정이유에 기속력이 인정되는지 여부는 신중하게 접근할 필요 있음.
- 결정이유에 기속력 인정한다 하더라도 적어도 위헌결정의 정족수인 재판관 6인 이상의 찬성이 있어야 함. / 비맹제외기준이 과잉금지원칙에 위반된다는 점은 재판관 5인만 찬성하였으므로 기속력 ✘
- 직업선택의 자유와 평등권 침해 ✘ [시각장애인의 생계지원, 직업활동 참여 기회 제공]

함께 보는 판례

- 헌재법 68조 1항 헌법소원과 41조 1항 위헌법률심판제청사건은 심판청구 유형이 상이하므로 두 사건이 동일한 사건이라고 할 수 없음
- 68조 2항 헌법소원에 있어서 당사자와 심판대상이 동일하더라도 당해 사건이 다른 경우에는 동일한 사건이 아니므로 일사부재리 원칙이 적용되지 않음

| 일사부재리 |

| 재 심 |

005 [2015헌아20] 통합진보당 해산결정에 대한 재심 사건 [각하]

- 헌법재판의 재심의 허용여부 및 허용정도 등은 심판절차의 종류에 따라 개별적으로 판단해야함 / 법령에 대한 헌법소원은 일반적 기속력과 대세적·법규적 효력을 가지기 때문에 원칙적으로 재심을 허용하지 아니함으로써 얻을 수 있는 법적 안정성의 이익이 재심을 허용함으로써 얻을 수 있는 구체적 타당성의 이익보다 높으므로 성질상 재심 허용 ✘
- 행정작용에 속하는 공권력작용을 대상으로 하는 심판절차에서는, 그 결정의 효력이 원칙적으로 소송당사자 사이에서만 미치기 때문에 재심 허용 ○
- 정당해산심판은 원칙적으로 해당 정당에게만 효력이 미치므로 재심 허용 ○
- 이 사건 재심청구는 부적법

> **함께 보는 판례**
> - 68조 2항 헌법소원은 재심 ✘
> - 공권력의 작용을 대상으로 하는 68조 1항 헌법소원에서 "판단유탈"을 이유로 한 재심 허용 ○

| 다른법령의 준용 |

006 [2014헌마7] 정당해산심판절차에서의 민사소송법령 준용 및 가처분 조항에 관한 사건 [기각]

- 민사소송법 준용 조항 : 공정한 재판을 받을 권리 침해 ✘ [절차적 기본권인 재판청구권은 원칙적으로 제도적 보장 성격이 강하므로 상대적으로 폭넓은 입법형성권 인정 / 현저히 불합리하다 할 수 없음]
- 가처분 허용 조항 : 정당활동의 자유 침해 ✘ [과잉금지원칙 판단 / 헌법질서의 유지·수호를 위해 일정한 요건 아래 정당의 활동을 임시로 정지할 필요성이 있음 / 임시적이고 잠정적인 조치에 불과]

제2장 개별심판절차

제1절 위헌법률심판

| 한정위헌청구 |

007 [2011헌바117] **뇌물죄의 주체인 '공무원'의 해석·적용에 대한 위헌소원 사건** [한정위헌]

- 한정위헌청구는 원칙적 적법. 다만 당해 사건 재판의 기초가 되는 사실관계의 인정이나 평가 또는 개별적·구체적 사건에서의 법률조항의 단순한 포섭·적용에 관한 문제를 다투거나 의미있는 헌법문제를 주장하지 않으면서 법원의 법률해석이나 재판결과를 다투는 경우 등은 허용되지 않음.
- 형법 제129조 제1항의 '공무원'에 구 '제주특별자치도 설치 및 국제자유도시 조성을 위한 특별법' 제299조 제2항의 제주특별자치도통합영향평가심의위원회 심의위원 중 위촉위원이 포함되는 것으로 해석하는 한 헌법에 위반된다. [공무원 의제규정이 없는 사인을 공무원에 포함된다고 해석하는 것은 유추해석금지원칙 위반]

| 위헌결정의 소급효 |

008 [92헌가10] **위헌결정의 소급효 사건** [합헌]

- 재판의 전제성의 의미 : ① 구체적인 사건이 법원에 계속중 ② 당해 소송사건의 재판에 적용 ③ 위헌여부에 따라 다른 내용의 재판을 하게 되는 경우 ㉠ 결론이나 주문에 영향 ㉡ 재판의 내용과 효력에 관한 법률적 의미가 달라지는 경우
- 위헌결정의 장래효 및 형벌조항에 대한 소급효 규정 위헌 ✘ [소급효 인정여부는 헌법적 합성의 문제가 아닌 입법정책의 문제 / 법적안정성과 개별사건의 정의 내지 평등원칙이 대립. 우리 입법자는 형벌법규를 제외하고는 법적안정성을 더 높이 평가하는 방안 선택 / 다만 형벌법규 이외에도 ① 당해사건 ② 동종사건 ③ 병행사건 + 소급효의 부인이 정의와 형평 등 헌법적 이념에 심히 배치되는 ④ 일반사건 에도 소급효 인정됨]

제2절 위헌심사형 헌법소원심판

함께 보는 판례

- 당사자가 제청신청 대상으로 삼지 않았고 법원의 기각 또는 각하결정도 없었던 조항에 대한 심판청구에 대한 68조 2항 헌법소원심판청구는 원칙적 부적법. 예외적으로 법원이 위 조항을 실질적으로 판단하였거나 위헌제청신청을 한 조항과 필연적 연관관계를 맺고 있어서 법원이 위 조항을 묵시적으로나마 판단하였을 경우 68조 2항 헌법소원 적법 ○
- 제청신청 기각시 신청당사자는 당해 사건의 소송절차에서 동일한 사유를 이유로 다시 제청신청을 할 수 없는 바, 이때 당해사건의 소송절차란 상소심 소송절차를 포함.

제3절 권리구제형 헌법소원심판

009 [96헌마172] 헌법재판소법 제68조 제1항 본문의 '법원의 재판' 부분 사건 [한정위헌, 인용(취소)]

- 헌법재판소법 제68조 제1항 본문의 '법원의 재판'에 헌법재판소가 위헌으로 결정한 법령을 적용함으로써 국민의 기본권을 침해한 재판도 포함되는 것으로 해석하는 한 도내에서, 헌법재판소법 제68조 제1항은 헌법에 위반된다.
- 헌법재판소의 위헌결정에는 단순위헌결정은 물론 한정합헌, 한정위헌결정과 헌법불합치결정도 포함되고 이들은 모두 당연히 기속력을 가짐
- 행정소송으로 행정처분의 취소를 구한 청구인의 청구를 받아들이지 아니한 법원의 판결에 대한 헌법소원심판의 청구가 예외적으로 허용되어 그 재판이 헌법재판소법 제75조 제3항에 따라 취소되는 경우에는 원래의 행정처분에 대한 헌법소원심판의 청구도 이를 인용하는 것이 상당함.

010 [2014헌마760] 재판 취소 사건 [위헌, 인용(취소), 각하]

- 헌법재판소법 제68조 제1항 본문 중 '법원의 재판' 가운데 '법률에 대한 위헌결정의 기속력에 반하는 재판' 부분은 헌법에 위반된다.
- 헌법이 법률에 대한 위헌심사권을 헌법재판소에 부여하고 있으므로, 법률에 대한 위헌결정의 기속력을 부인하는 법원의 재판은 그 자체로 헌법재판소 결정의 기속력에 반하는 것일 뿐만 아니라 법률에 대한 위헌심사권을 헌법재판소에 부여한 헌법의 결단에 정면으로 위배됨.

| 부작위 |

011 [2008헌마385] 연명치료중단등에관한법률 입법부작위 사건 [각하]

가. 연명치료중인 환자의 자녀들이 제기한 헌법소원
  - 자기관련성 ✕ [간접적, 사실적 이해관계]

나. 연명치료중인 환자의 심판청구
1) 인공호흡기를 제거하였으나 여전히 권리보호이익 ○
2) 진정입법부작위가 대상이 되기 위해서는 ① 헌법이 법령에 명시적인 입법위임을 했는데도 입법자가 상당한 기간 내에 이행하지 않거나 ② 헌법해석상 특정인에게 구체적인 기본권이 생겨 이를 보장하기 위한 국가의 의무가 발생했음이 명백함에도 아무런 입법조치를 취하지 않는 경우여야 함
  - 헌법의 명시적인 위임 규정 없음
  - 헌법 해석상 입법의무 있는지 여부 : 연명치료중단에 관한 자기결정권 인정 ○ [회복불가능한 사망의 단계에 이른 경우] / 입법정책의 문제로서 국회의 재량. 국가의 입법의무 ✕

함께 보는 판례

- 연명치료 중단의 허용 기준 : 사전의료지시가 있거나, 비록 사전의료지시 없이 회복불가능한 사망의 단계에 진입한 경우에도 객관적으로 환자의 의사를 추정할 수 있는 경우 인정 ○
- 연명치료중단 판결 확정시, 기존 의료계약이 판결 주문에서 중단을 명한 연명치료는 더 이상 허용되지 않지만 나머지 범위 내에서는 유효하게 존속.

012 [2012헌마2] 국회의 퇴임한 헌법재판소 재판관 후임자 선출 부작위 사건 [각하]

- 국회가 선출하여 임명된 헌법재판소 재판관 중 공석이 발생한 경우, 국회가 공석인 재판관의 후임자를 선출하여야 할 헌법상 작위의무의 존재 [재판청구권에는 공정한 헌법재판을 받을 권리도 포함 / 헌법 제27조, 제111조 제2항 및 제3항의 해석상 후임자를 선출할 구체적 작위의무 인정]
- 피청구인이 조대현 전 재판관의 후임자를 선출함에 있어 '상당한 기간'을 정당한 사유 없이 경과하여 작위의무의 이행을 지체하였음
- 이후 후임자 선출 하였으므로 권리보호이익 소멸

013 [2015헌마1177] 선거구 입법부작위 사건　　　　　　　　　　　　　[각하]

- 헌법불합치결정 이후 국회가 입법개선시한까지 개선입법을 하지 아니하여 선거구에 관한 법률이 존재하지 않는 경우 국회에 국회의원 선거구를 입법할 헌법상 의무 존재 O
- 권리보호이익 소멸

014 [2006헌마788] 일본군위안부의 행정부작위 위헌소원 사건　　　　　　[인용(위헌확인)]

- 헌법 전문, 제2조 제2항, 헌법 제10조와 이 사건 협정 제3조의 문언에 비추어 볼 때, 피청구인이 분쟁해결절차로 나아갈 의무는 일본국에 의해 자행된 조직적이고 지속적인 불법행위에 의하여 인간의 존엄과 가치를 심각하게 훼손당한 자국민들이 배상청구권을 실현하도록 협력하고 보호하여야 할 헌법적 요청에 의한 것으로서, 그 의무의 이행이 없으면 청구인들의 기본권이 중대하게 침해될 가능성이 있으므로, 피청구인의 작위의무는 헌법에서 유래하는 작위의무에 해당함.
- 이 사건 협정 제3조에 의한 분쟁해결절차로 나아가는 것만이 국가기관의 기본권 기속성에 합당한 재량권 행사라 할 것이고, 피청구인의 부작위로 인하여 청구인들에게 중대한 기본권의 침해를 초래하였다 할 것이므로, 헌법에 위반됨.

함께 보는 판례

- 원폭피해자의 배상청구권이 소멸되었는지 여부에 관한 행정부작위 위헌 O

015 [2001헌마718] 군법무관의 봉급에 관한 행정입법부작위 사건　　　　[인용(위헌확인)]

- 국회가 특정한 사항에 대하여 행정부에 위임하였음에도 행정부가 정당한 이유 없이 이행하지 않는다면 권력분립원칙과 법치국가 내지 법치행정의 원칙에 위배됨. 따라서 대통령령 제정의무는 헌법상 작위의무 O
- 행정입법 부작위의 정당성 ✕
- 침해되는 기본권 : 재산권 침해 O [직업수행의 자유, 평등권 ✕]

016 [2006헌마358] '사실상 노무에 종사하는 공무원'에 관한 조례 입법부작위 사건 [인용(위헌확인)]

- 피청구인은 지방자치단체. 청구인들은 모두 시·도 교육청 소속 지방공무원이므로 시·도의 교육감이 대표자가 됨.
- 이 사건 심판청구는 진정입법부작위
- 지방공무원이 단결권·단체교섭권·단체행동권을 원만하게 행사할 수 있도록 보장하기 위하여 공무원의 구체적인 범위를 조례로 제정할 헌법상 의무 O
- 조례제정의 지체를 정당화할만한 사유가 있다면 헌법에 위반되지 않음. 다만 정당한 사유는 조례제정이 헌법에 위반되거나 전체적인 법질서 체계와 조화되지 아니하여 조례제정의무의 이행이 오히려 헌법질서를 파괴하는 결과를 가져온다고 볼 수 있어야 함. / 사안은 정당한 사유 ✕

017 [2004헌마66] 사법시험 성적세부산출 및 합격결정에 필요한 사항에 관한 행정입법부작위 사건 [각하]

- 만일 하위 행정입법의 제정 없이 상위 법령의 규정만으로도 집행이 이루어질 수 있는 경우라면 하위 행정입법을 하여야 할 헌법적 작위의무 ✕
- 사안은 법무부령의 제정이 사법시험법의 집행에 필수불가결한 것 ✕. 헌법적 작위의무 ✕

| 청구기간 |

018 [2017헌마479] 어린이통학버스 동승보호자 사건 [기각, 각하]

- 유예기간을 두고 있는 법령의 경우, 헌법소원심판의 청구기간 기산점은 그 법령의 시행일이 아니라 유예기간 경과일.
- 어린이 통학버스에 대한 보호자 동승조항의 직업수행의 자유 침해 ✕ [안전하게 어린이 통학버스를 이용할 수 있도록 하기 위한 것]

019 [2009헌마205] 기소유예처분취소

- 평등권과 행복추구권 침해

020 [95헌마211] 불기소처분취소

- 평등권과 재판절차진술권 침해

함께 보는 판례

- 68조 1항과 68조 2항의 병합청구 가능
- 행정규칙이 법령의 구체적 내용을 보충할 권한을 부여한 경우나, 재량권 행사의 준칙인 규칙이 되풀이 시행되어 행정관행이 이룩되게 되면 행정기관은 규칙에 따라야 할 자기구속을 당하게 되는데, 이 경우 헌법소원 청구 가능 ○
- 사실상의 준비행위나 사전안내라도 그 내용이 국민의 기본권에 직접 영향을 끼치는 내용이고 앞으로 법령의 뒷받침에 의하여 그대로 실시될것이 틀림없을 것으로 예상될 수 있는 경우 그로 인해 직접적으로 기본권침해를 받게 되는 사람에게는 사실상의 규범작용으로 인한 위험성이 이미 발생하였으므로, 헌법소원의 대상 ○
- 비권력적·유도적인 권고·조언 등의 단순한 행정지도로서의 한계를 넘어 규제적·구속적 성격을 상당히 강하게 갖게되는 경우 헌법소원의 대상 ○
- 국가인권위원회의 진정에 대한 각하 또는 기각결정의 취소를 구하는 헌법소원심판 청구는 보충성 요건 ✗

제4절 권한쟁의심판

021 [96헌라2] 법률안 변칙처리사건 [인용(권한침해), 기각]

- 국회의원과 국회의장의 권한쟁의심판 당사자능력 ○ [권한쟁의심판의 당사자가 될 수 있는 국가기관의 범위는 헌법해석을 통하여 확정할 문제 / ① 헌법에 의하여 설치되고 ② 헌법과 법률에 의하여 독자적인 권한을 부여 받고 ③ 해결할 수 있는 적당한 기관이나 방법이 있는지 여부 등을 종합적으로 고려]
- 헌법재판소법 제62조 제1항 제1호의 규정도 예시적인 조항으로 해석
- 국회의 의사절차나 입법절차에 헌법이나 법률의 규정을 명백히 위반한 흠이 있는 경우에도 국회가 자율권을 가진다고 할 수 없음.
- 야당의원들에게 개의일시를 통지하지 않음으로써 출석의 기회를 박탈한 채 본회의를 개의, 법률안을 가결처리한 경우 야당의원들의 법률안 심의 표결권 침해 ○

022 [2009헌라6] 국가인권위원회와 대통령 간의 권한쟁의 사건 [각하]

- 법률에 의하여 설치된 국가기관의 당사자능력 ✘ [국가인권위원회]

023 [2014헌라1] 경상남도 교육감과 경상남도 간의 권한쟁의 사건 [각하]

- 지방자치단체 '상호간'이란 '서로 상이한 권리주체간'을 의미
- 헌법은 지방자치단체의 종류를 법률로 정하도록 규정하고 있고(117조 2항), 지방자치법은 종류를 정하고 있으므로(2조 1항), 예시적으로 해석할 필요성 및 법적 근거가 없음
- 교육감과 해당 지방자치단체 사이의 내부적 분쟁과 관련한 권한쟁의심판청구 부적법

024 [2005헌라7] 강남구선관위의 강남구에 대한 지방선거경비 산출 통보행위(강남구 등과 국회 등 간의 권한쟁의) 사건 [기각, 각하]

- 국회, 강남구선거관리위원회의 당사자능력 인정 O
- 피청구인 국회의 법률개정행위의 권한쟁의심판 대상 O [처분이란 법적 중요성을 지닌 것. 청구인의 법적 지위에 구체적으로 영향을 미칠 가능성이 있는 행위. 법률개정행위는 지방자치단체의 지방재정권에 중대한 영향을 미친다고 할 것이므로 '처분'에 해당]
- 피청구인 강남구선거관리위원회의 청구인 서울특별시 강남구에 대한 지방자치단체 선거관리경비 산출 통보행위는 권한쟁의심판의 대상이 되는 처분 ✘ [강남구의 선거비용 부담은 공직선거법에서 그렇게 정하고 있기 때문에 발생하는 것인지 강남구 선관위가 이 사건 통보행위를 했기 때문에 새롭게 발생한 것은 아님]
- 피청구인 국회가 공직선거법을 개정하여 지방선거비용을 해당지방자치단체에게 부담시킨 행위가 지방자치단체인 청구인들의 지방자치권 침해 ✘

025 [2019헌라4] 국회 행안위 제천화재관련평가소위원회 위원장과 국회 행안위 위원장 간의 권한쟁의 사건 [각하]

- 국회 소위원회 위원장의 당사자능력 ✘ [국회법 57조에 따라 설치된 기관]

026 [2005헌라8] 국회의원과 정부간의 권한쟁의 사건 [각하]

- 권한쟁의심판에서 제3자 소송담당 허용 ✕ [명시적인 규정 ✕, 다수결의 원리와 의회주의의 본질에 어긋남. 국가기관이 기관 내부에서 민주적인 방법으로 토론과 대화에 의하여 기관의 의사를 결정하려는 노력 대신 모든 문제를 사법적 수단에 의해 해결하려는 방향으로 남용우려 있음]
- 국회 외의 국가기관에 의한 국회의원의 심의·표결권의 침해가능성 ✕ [국회의원의 심의·표결권은 국회의 대내적인 관계에서 행사되고 침해될 수 있을 뿐 대외적인 관계에서는 침해될 수 없음. 대통령이 국회 동의없이 조약을 체결·비준했다 하더라도 국회의원들의 심의·표결권이 침해될 가능성 ✕]

027 [2015헌라4] 지자체 사회보장사업 정비 관련 권한쟁의 사건 [각하]

- 사회보장위원회가 '지방자치단체 유사·중복 사회보장사업 정비 추진방안'을 의결한 행위는 청구인들의 법적지위에 영향을 미치는 처분 ✕ [내부적으로 의결한 행위에 불과]
- 보건복지부장관의 지방자치단체장에 대한 '지방자치단체 유사·중복 사회보장사업 정비지침' 통보는 이 사건 통보행위를 강제하기 위한 권력적·규제적인 후속조치가 예정되어 있지 않으므로 처분 ✕

함께 보는 판례

- 법률에 대한 권한쟁의심판도 허용. 다만 법률제정행위를 대상으로 해야할 것.
- 정부의 법률안 제출행위는 처분 ✕ [입법을 위한 하나의 사전 준비행위에 불과]

028 [2010헌라1] 전교조 명단 공개 사건 [각하]

- 국회의원이 교원들의 교원단체 가입현황을 자신의 인터넷 홈페이지에 게시하여 공개하려 하였으나, 법원이 그 공개로 인한 기본권침해를 주장하는 교원들의 신청을 받아들여 그 공개의 금지를 명하는 가처분 및 그 가처분에 따른 의무이행을 위한 간접강제 결정을 한 것에 대해 국회의원이 법원을 상대로 제기한 권한쟁의심판청구의 적법 여부(소극) [헌법과 법률이 그 국가기관에 독자적으로 부여한 권능을 행사한 경우가 아니라면 권한침해 ✕, 인터넷 홈페이지에 게시하거나 언론에 알리는 것은 국회의원의 독자적인 권능 ✕]
- 국정감사권과 국정조사권은 국회의 권한이고 국회의원의 권한은 아니므로 국회의원은 청구 불가

029 [2022헌라4] 검사의 수사권 축소 등에 관한 권한쟁의 사건 [각하]

가. 당사자적격
- 이 사건 법률개정행위는 검사의 수사권 및 소추권 중 일부를 조정·제한하는 내용이므로 검사의 당사자적격 인정 O
- 이 사건 법률개정행위는 법무부장관의 권한을 제한하지 않음.

나. 권한침해가능성
- 국가기관의 '헌법상 권한'은 국회의 입법행위를 비롯한 다양한 국가기관의 행위로 침해될 수 있음. 그러나 국가기관의 '법률상 권한'은, 다른 국가기관의 행위로 침해될 수 있음은 별론으로 하고, 국회의 입법행위로는 침해될 수 없음.
- 수사 및 소추는 원칙적으로 입법권·사법권에 포함되지 않는 국가기능으로 우리 헌법상 본질적으로 행정에 속하는 사무. 그러나 수사권 및 소추권이 행정부 중 어느 '특정 국가기관'에 전속적으로 부여된 것으로 해석할 헌법상 근거는 없음.
- 이 사건 법률개정행위는 검사의 '헌법상 권한'(영장신청권)을 제한하지 아니하고, 국회의 입법행위로 그 내용과 범위가 형성된 검사의 '법률상 권한'(수사권·소추권)이 법률개정행위로 침해될 가능성이 있다고 볼 수 없으므로, 청구인 검사의 심판청구는 권한침해가능성이 없어 부적법함.

030 [98헌라4] 성남시와 경기도간의 권한쟁의 사건 [인용(무효확인), 인용(권한침해), 각하]

- 지방자치단체는 기관위임사무에 관하여 권한쟁의심판청구 불가 [지방자치단체의 권한에 속하지 아니하는 사무]

031 [2006헌라1] 신항 명칭 결정 사건 [각하]

- 지정항만이면서 무역항인 부산항의 일부 항만구역에 건설된 신항만의 명칭결정과 관련하여 부산지방해양수산청장은 당사자능력 및 적격 ✗ [해양수산부장관의 일부사무를 관장할 뿐 항만에 관한 독자적인 권한 ✗]
- 해양수산부장관이 부산광역시와 경상남도 일대에 건설되는 신항만의 명칭을 '신항'이라고 결정한 것이 경상남도와 경상남도 진해시의 자치권한을 침해하였거나 침해할 가능성 ✗ [지정항만에 관한 사무는 국가사무이므로(지방자치법 11조 4호) 항만구역명칭결정권한도 국가에게 있음. 청구인들에게 명칭결정권한이 없음]

032 [2010헌라3] 수도권 소재 사립대학에 대한 학생정원 증원 규제가 지방자치단체의 대학의 설립 및 운영에 관한 자치권한을 침해하는지 여부 [각하]

- 유아원부터 고등학교 및 이에 준하는 학교에 관한 사무는 자치사무 / 대학의 설립 및 대학생정원 증원 등 운영에 관한 사무는 국가적 이익에 관한 것으로서 국가사무
- 국가사무인 사립대학의 신설이나 학생정원 증원에 관한 이 사건 수도권 사립대학 정원규제는 지자체의 권한을 침해하거나 침해할 현저한 위험 ✘

033 [2004헌라2] 강서구와 진해시간의 권한쟁의 사건 [인용(취소), 인용(권한확인), 인용(위헌확인)]

- 부산광역시 강서구가 진해시를 상대로, 진해시 용원동 내의 일부인 계쟁 토지가 법률에 의해 그 관할이 자신에게 옮겨졌다고 주장하면서 관할확인을 구하고, 진해시가 계쟁 토지에 대한 사무와 재산을 인계하지 아니하는 부작위가 위법하다는 확인을 구하고, 위 계쟁토지에 대해 진해시장이 한 점용료부과처분의 취소를 구하는 권한쟁의 심판사건에서 청구인의 심판청구를 인용

034 [2010헌라2] 해상경계획정(홍성군과 태안군 등 간의 권한쟁의) 사건 [인용(권한확인), 인용(무효확인)기각, 각하]

- 공유수면에 대한 지방자치단체의 관할구역과 자치권한 인정 ○
- 공유수면에 대한 행정구역 경계에 관한 명시적인 규정 ✘ [➔ 불문법이 존재하면 불문법에 따라야 함 ➔ 불문법도 존재하지 않으면 형평의 원칙에 따라 공평하게 해상경계선 획정]
- 국가기본도상의 해상경계선을 공유수면에 대한 불문법상 해상경계선으로 보아온 선례를 변경한 사례

035 [2015헌라7] 경상남도와 전라남도 사이의 해상경계 획정에 관한 사건 [기각]

- 지방자치단체 사이의 불문법상 해상경계가 성립하기 위해서는 관계 지방자치단체·주민들 사이에 해상경계에 관한 일정한 관행이 존재하고, 그 해상경계에 관한 관행이 장기간 반복되어야 하며, 그 해상경계에 관한 관행을 법규범이라고 인식하는 관계 지방자치단체·주민들의 법적 확신이 있어야 한다.
- 국가기본도에 표시된 해상경계선은 그 자체로 불문법상 해상경계선으로 인정되는 것은 아니나, 관할 행정청이 국가기본도에 표시된 해상경계선을 기준으로 하여 과거부터 현재에 이르기까지 반복적으로 처분을 내리고, 지방자치단체가 허가, 면허 및 단속 등의 업무를 지속적으로 수행하여 왔다면 국가기본도상의 해상경계선은 여전히 지방자치단체 관할 경계에 관하여 불문법으로서 그 기준이 될 수 있다.

036 [2015헌라3] 공유수면 매립지에 관한 권한쟁의 사건 [각하]

- 공유수면의 관할 귀속과 매립지의 관할 귀속은 그 성질상 달리 보아야 함. 공유수면의 경계를 그대로 매립지의 '종전' 경계로 인정하기는 어려움.
- 공유수면매립지는 행정안전부장관의 결정으로 비로소 확정됨. 그 전까지 해당 매립지는 어느 지방자치단체에도 속하지 않음.

037 [2009헌라12] 권한침해확인결정의 기속력 사건 [기각, 기타]

- 국회의원의 법률안 심의·표결권은 성질상 일신전속적인 것으로 당사자가 사망한 경우 승계되거나 상속될 수 있는 것이 아님. 청구인 사망과 동시에 심판절차종료선언.
- 권한쟁의심판결정의 기속력을 직접 받는 피청구인은 그 결정에서 명시한 위헌·위법성을 제거할 헌법상의 의무를 부담함 / 그러나 어떤 방법으로 제거할 것인지는 전적으로 국회의 자율에 맡겨져 있음. 따라서 헌법재판소가 권한존부 및 범위의 확인을 넘어 구체적 실현방법까지 임의로 선택하여 가결선포행위의 효력을 무효확인 또는 취소하거나 부작위의 위법을 확인하는 등 기속력의 구체적 실현을 직접 도모할 수는 없음.

제4판
SIGNATURE
헌법 판례 ❸ 요약 키워드 NOTE

초판발행	2021년 06월 25일
2판발행	2022년 06월 27일
3판발행	2023년 06월 19일
4판발행	2024년 06월 28일

지은이	강성민
디자인	이나영
발행처	주식회사 필통북스
등록	제2019-000085호
주소	서울특별시 관악구 신림로59길 23, 1201호(신림동)
전화	1544-1967
팩스	02-6499-0839
homepage	http://www.feeltongbooks.com/

세트 ISBN   979-11-6792-169-7 [14360]

비매품

|세트로만 판매 판매 됩니다.
|이 책은 저자와의 협의 하에 인지를 생략합니다.
|이 책은 저작권법에 의해 보호를 받는 저작물이므로 주식회사 필통북스의 허락 없는 무단전제 및 복제를 금합니다.